Le LIVRE de POCHE

Jeunesse

LA BÊTE
DU GÉVAUDAN

José Féron Romano

La Bête du Gévaudan

Illustrations :
Jean-Louis Henriot

HACHETTE
Jeunesse

1

Paroles de colporteur

« Oh ! Y a du monde ? »

Marie marcha vers la porte, l'ouvrit. Un flot de lumière envahit la salle. Immobile sur le seuil, Marie cligna des yeux. Le soleil donnait tellement qu'elle s'en trouvait comme aveuglée.

« Quoi ! j'ai changé à ce point ? Tu ne me reconnais pas, Marie ? Je suis passé il y a à peine un mois. C'est moi, Étienne Lauret, le... »

Marie voyait enfin. Elle battit des mains.

« Mère ! Voilà le colporteur ! Venez ! Venez ! »

Elle mit ses sabots, fit quelques pas dans la cour. Puis, tout en caressant le cou de la mule lourdement chargée, elle s'adressa à l'homme :

« Qu'est-ce que vous proposez, aujourd'hui ?

— Doucement, ma jolie. Attends que ta mère nous rejoigne. Pas de précipitation. Si je te sens trop intéressée, je vais augmenter mes prix.

— Et vous perdrez des clientes, dit Marie en riant. Vous n'êtes pas le seul à nous rendre visite, vous savez !

— Tiens, tiens ! Voyez-vous ça ! Treize ans et matoise comme une renarde. Ah ! Madame Chastel !

— Déjà de retour ? Quel bon vent vous amène ? Pas celui du couchant, j'espère. Il nous fait venir la pluie et nous n'en avons pas besoin en ce moment. Allons ! déballez vos marchandises. Mais je vous préviens : ne comptez pas sur nous pour faire fortune ! Vite. Chastel va rentrer et la soupe est sur le feu.

— Bah ! Jean Chastel n'est pas méchant homme.

— Non, mais quand il a faim, c'est un autre. Et mon Guillaume a un solide appétit qui s'aiguise au fur et à mesure qu'il grandit. À onze ans, il mange comme quatre. »

Étienne Lauret ouvrit ses sacs, déposa ses articles sur une toile qu'il avait préalablement dépliée : rubans et chapelets, images pieuses, mouchoirs de gorge, dentelles et épingles à tête de verre coloré...

« Qu'est-ce qui te ferait plaisir ? demanda Anne Chastel.

— Rien, mère. Rien. Je...

— Il est vrai ce mensonge ? Tu rougis ! Ton nez s'allonge ! Tu es comme celles qui ont avalé un blaireau ; elles jurent que non alors que la queue dépasse encore de leur bouche. Je ne te vois plus t'amuser au dig-dag.

— Il y a trois dimanches, on y a joué, avec Jeanne. En fin d'après-midi, quand on est revenues, j'ai cru qu'elle avait ramassé les épingles de dentellière.

— Et Jeanne a pensé que tu les avais mises dans ta poche ?

— C'est ça.

— Alors, choisis-en deux. »

Marie s'accroupit, prit deux épingles à tête de verre couleur améthyste, les montra à sa mère.

« Encore deux, dit Anne Chastel au colporteur. Les mêmes. Et donnez-les-moi. Je les garde pour le cas où l'une de ces étourdies oublierait de ramasser celles-là. Tiens, ajoutez une demi-douzaine de mouchoirs, et calculez ce que je vous dois sans ajouter trop de zéros ! »

L'homme se fit payer, remballa ses articles, et salua. Il n'avait pas fait deux pas qu'il se retourna.

« Oh ! vous direz à Chastel qu'une vachère a été attaquée près de Langogne. Oui, du côté de la forêt de Mercoire. Les chiens n'ont pas voulu donner. Les bœufs ont été plus hardis. Cornes baissées, ils l'ont défendue. Elle s'en sort sans trop de mal. Juste des griffures à la face et au corps. Sa robe et son devantier ont été charpis. La femme a eu peur, vous imaginez.

— Mais attaquée par qui ? Par quoi ? Les loups

s'en prennent aux moutons, rarement aux gens. Et seulement par grand froid. On est en juillet...

— Justement !

— Quoi, justement ?

— D'après la vachère, ça n'était pas un loup. L'animal ressemblait à un loup, mais la tête était plus grosse, plus effilée. Il avait une raie noire sur le dos.

— Qui vous a conté de telles sornettes ? Un arracheur de dents ? Un homme qui sortait d'un cauchemar ?

— Ni l'un ni l'autre. L'homme, vous le connaissez sûrement. C'est Paulin Amouroux.

— Celui-là qui passe une fois l'an avec ses chaudrons et ses marmites ? Si je le connais ! L'année dernière, il est entré dans la cour avec son char à bois. "Qu'est-ce que tu traînes derrière ta voiture ?" lui a demandé Chastel. "Un bout de corde." Son bout de corde qui serpentait et sautait pendant que le char roulait, c'était soi-disant pour effrayer les loups. Chastel a eu le fou rire. "Tu crois qu'ils vont avaler une telle couleuvre, les loups ? Qu'ils vont prendre ta ficelle pour une vipère ? Allons, Amouroux, faut pas être nigaud. Ta corde va s'user et tu n'en auras plus pour l'hiver prochain ! On n'est encore qu'en juillet. Tu as de beaux jours devant toi." Voilà ce qu'a dit Chastel en se moquant. Votre collègue, il ne savait plus où se mettre. Du coup, il a filé sans demander son reste. On n'a pas vu le fond de ses marmites. Cet homme-là, vaut mieux pas qu'il se retourne quand le soleil est devant lui. Sûr qu'il aurait peur de son ombre. Adieu, monsieur Lauret. Je rentre. La soupe va déborder et éteindre mon feu. Bonne route. Viens, Marie, viens. La journée n'est pas finie. Sors les écuelles et les cuillers. Nos hommes vont rentrer avec une faim de loup. Viens. Il reste encore à faire.

— Mère... Et si... Et si ce que raconte ce monsieur Amouroux était vrai ? »

Anne Chastel se pencha, ébouriffa les cheveux blonds de Marie, déposa un rapide bécot sur son front.

« Ne te tracasse pas. Tout ça, c'est des histoires. Tu as déjà vu un loup en été, toi ?

— Oui. Il y a deux ans. Même que je lui ai touché le poil et tiré l'oreille.

— Sûr. Je m'en souviens. Mais c'était jour de la foire au Malzieu. Ton loup avait muselière et collier. Il avait été capturé en plein hiver. C'était Motolet le loubotier qui le trimbalait. Tout ça pour qu'on lui montre un peu la couleur de notre monnaie. Tiens, les voilà qui arrivent. »

Jean Chastel traversa la cour, suivi de Guillaume. Il regarda Anne et Marie sans mot dire, puis entra dans la maison.

« Qu'est-ce qu'il a ? demanda Marie à son frère. On dirait qu'il est de méchante humeur.

— Attends. Il va parler. Attends. On dit qu'il y a eu des malheurs. »

Jean Chastel s'assit en bout de table. Après avoir

essuyé son couteau sur sa blouse, il traça rapidement une croix sur la miche de pain bis, puis découpa des tranches que Marie déposa dans les écuelles.

Alors seulement, Anne versa la soupe du dîner, puis s'assit sur le banc.

Ils mangèrent le pain bis que le bouillon avait gonflé, ils portèrent leur cuiller à la bouche. Le premier, Chastel s'essuya les lèvres d'un revers de manche.

« Le Lauret est passé, dit Anne pour rompre le silence. Il est parti un peu avant votre arrivée. »

Chastel se taisait toujours. Anne parla encore.

« Il a rapporté un drôle de récit. Près de Langogne, une vachère aurait...

— Je sais, dit sèchement Chastel. J'ai croisé le colporteur. Mais ce n'est pas tout. »

Chastel leva la tête, regarda Marie, Guillaume, Anne, Marie encore, puis tourna son visage vers la cheminée, fixa le feu.

« Les années, il y en a des bonnes et des mauvaises. Sûr. Le Gévaudan en a connu de terribles. Il y a vingt-six ans, pendant une paire d'années, la terre n'a rien donné. Et 1750 a été épouvantable. Nous avons crevé de faim. Les quinze mille quintaux de blé envoyés de Lunel par l'intendant du Languedoc n'ont pas suffi pour nourrir le pays ; il en aurait fallu dix fois plus. Deux mois après, tout était épuisé. Pour avoir du pain, nous avons dû vendre nos bêtes à bas prix et dégrader nos bois. Tu t'en souviens, Anne... Toi, Marie, tu n'étais pas encore sur cette terre. Tiens, en 1751, petite, l'année de ta naissance, les moutons ont crevé à cause d'une épouvantable épidémie. Le commerce du Gévaudan, c'est ses étoffes, pas vrai ? La laine, il a fallu la chercher ailleurs. Oh ! on en a eu, mais de médiocre qualité, et à des prix exorbitants. Ça s'est vite su. Les acheteurs ont été autre part pour chercher la marchandise. Il en a fallu du temps, pour se remettre de tout ça. Les années, il y en a des bonnes et des mauvaises. Comment se passera celle-ci ? À vrai dire, je n'en sais rien.

— L'année est déjà bien entamée, dit Anne. Qu'est-ce qu'il y a eu de fâcheux ? »

Marie regardait son père. Il ferma un instant les yeux, puis parla gravement.

« Oui, j'ai rencontré le colporteur. Il m'a raconté ce qui est arrivé du côté de la forêt de Mercoire. Je savais. Il ne m'a rien appris. Langogne, c'est loin de chez nous. Je n'ai rien dit. À présent, je ne peux plus me taire.

« Écoutez. Une fillette de quatorze ans a été dévorée en Vivarais. Elle était du village des Habats, de la paroisse de Saint-Étienne-de-Lugdarès. Ça s'est passé le 3 juillet. Une autre de Masmejean-d'Allier, de la paroisse de Puy-Laurent, a subi le même sort. Ce n'est pas tout. Un garçon de Cheylard-l'Évêque a été retrouvé à demi mangé dans le bois de Grosfau.

— Mon Dieu ! Qui vous...

— Je le sais par le curé de Saint-Chély-d'Apcher. »

Jean Chastel se leva. Il était petit, trapu, mais le feu

jetait une ombre démesurée sur le mur. Marie regarda la forme sombre.

« Père, c'est un loup qui attaque les enfants ?

— Les loups, ça sort quand les mares sont gelées et qu'on peut marcher dessus sans crainte. Les loups s'en prennent aux bêtes à laine durant l'hiver. Rarement aux gens.

— Mais alors ?

— Alors ? Mettons que c'est un loup. Un loup ou une bande de loups qui sont devenus fous. Des loups qui se trompent de saison. Des loups qui prennent les enfants pour des brebis. »

2

Le Gévaudan

Le Gévaudan, c'est une région rude. Ceux qui y naissent respirent à 927 mètres ou à 1000, selon qu'ils ont vu le jour à Rimeize ou à Saint-Chély-d'Apcher. Au levant, la montagne de la Margeride hérisse des rochers de granit qui viennent briser la monotonie de ses immenses pâturages.

Marie connaît les mystères des bois de sapins et de bouleaux. Champignons et myrtilles y abondent.

Le Gévaudan, c'est un couloir entre la Margeride et les monts d'Aubrac où le vent peut souffler avec violence. Les fourrés y sont épais, les genêts garnissent les roches, les broussailles gardent le pays bien mieux que ne le feraient des soldats équipés. S'y perdent tout de suite les étrangers venus de la ville.

Marie Chastel vit depuis treize ans en Gévaudan. À Apcher, exactement, qui se trouve à une lieue à peine de Saint-Chély.

Oui, le vent souffle en cette contrée, charge vers le sud-est, renâcle, change de direction, se heurte à la Margeride, revient avec des senteurs de bruyère rose, tourne et tourne sur les monts d'Aubrac, fou de l'odeur de la gentiane, rebrousse chemin, se blesse contre le Puy de la Tuile, avale de vastes étendues, hurle au-dessus du bois des Bouls, chante sur le plateau du Palais-du-Roi, à moins qu'il n'y pousse un cri d'épouvante.

Le Gévaudan est un pays de rudesse avec, comme les gens le disent, « neuf mois d'hiver et trois mois d'enfer ». En octobre, le froid revient, mordant, cruel. C'est comme si l'automne n'existait pas. Après l'été, il y a le petit puis le gros et grand hiver. Alors, le vent s'en donne à cœur joie, coupe la respiration des plus robustes qui halètent, mord les vieillards jusqu'au fond des maisons. Tapi dans les murs épais, le vent sort comme le loup du bois lorsque le feu décline, glace les membres des anciens, fait pleurer les tout petits.

3

Le dig-dag

Le colporteur était passé un samedi. Le lendemain matin, d'un bon pas, les Chastel prirent le chemin de Saint-Chély.

Marie tenait la main de sa mère. Elle serrait dans la poche de sa blouse les deux épingles à tête de verre couleur améthyste. Elle avait hâte de revoir Jeanne Levallet, et de prendre sa revanche au dig-dag. Le dimanche précédent, faute d'épingles, elles avaient joué avec des cailloux. Marie avait perdu.

Et puis surtout : Jeanne était-elle informée de ce qui s'était passé en Vivarais, à Masmejean-d'Allier, à Cheylard-l'Évêque ? Marie avait été frappée en apprenant ces carnages. La veille au soir, elle avait voulu en parler avec Guillaume mais à peine avaient-ils échangé quelques mots que son frère s'était endormi. Bouche ouverte et ronflant ! Ça, ça agaçait Marie : Guillaume soutenait qu'il ne ronflait pas. Qu'est-ce qu'il en savait, puisqu'il dormait !

Le dimanche, les gens venaient en grand nombre pour assister à la messe célébrée à Saint-Chély : de Prunières et de Saroul, de Chassignoles et de La Roueyre, des Bessons et de Civeyrac. Jeanne habitait à La Rouvière ; ça faisait une trotte mais elle et sa famille étaient toujours dans les premiers arrivés.

Marie eut tout juste le temps de montrer les épingles à son amie. C'était l'heure. Elles entrèrent avec les autres dans l'église.

On pria, tandis que se déroulait la messe dite par le curé Trocelier. Les hommes étaient placés devant les femmes coiffées d'un bonnet ou d'un foulard. Oui, on pria avec plus de ferveur peut-être qu'à l'ordinaire. Des lampes brûlaient, et des cierges aussi. Tombant des vitraux, une lumière multicolore éclairait l'intérieur de la maison de Dieu.

Puis le flot des paroissiens s'écoula sur la place de l'église. Les cloches sonnèrent.

Les habitants de Saint-Chély et des villages proches rentreraient bientôt chez eux pour dîner ; les autres se restaureraient là : ils avaient apporté du pain et du fromage, des pommes et des airelles. Tout à l'heure, les hommes se retrouveraient au cabaret, autour de pots de vin rouge. Ensuite, Chastel et quelques-uns d'entre eux iraient jouer à la *caille.* Chastel lançait bien, son bras était solide, et la boule de pierre ne venait jamais se placer très loin du petit morceau de bois arrondi. On jouait par deux, et c'était à qui serait le partenaire de Chastel.

« Tu as retrouvé des épingles ? demanda Jeanne.

— Non. Ma mère les a achetées au colporteur. Regarde cette couleur : on dirait des améthystes.

— Qu'est-ce que c'est ?

— L'améthyste, c'est une pierre précieuse, violette. Ma mère en a une qui lui vient de ma grand-mère. Une fois, elle me l'a montrée. Elle la cache au fond du coffre où sont les provisions, le sel et la farine.

— Vous n'avez pas peur des voleurs ?

— Qui irait fouiller là-dedans ? On est trois à connaître la cachette. Ma mère, moi... et toi. Si l'améthyste disparaît, on saura tout de suite qui est la voleuse ! Tu viens faire une partie de dig-dag ? Dépêche ! »

Marie a formé un cercle par terre. Elle et Jeanne ont compté quatre pas à partir du rond, et tracé une raie de départ. Elles plantent leur épingle sur le trait ; en deux chiquenaudes, l'épingle doit être envoyée à l'intérieur du cercle.

« Salade ! » crie Jeanne qui obtient le premier point.

Celle qui arrive à douze gagne la partie. Mais il faut qu'il y ait deux points d'écart, que l'adversaire ait atteint dix au maximum. Si l'on parvient à douze-onze, il faut poursuivre jusqu'à ce qu'on obtienne l'avance nécessaire. Il y a de cela trois dimanches, Marie a remporté la première manche par quarante-deux à quarante, et Jeanne la seconde par cinquante et un à quarante-neuf. Au moment de faire la belle, il a fallu rentrer. La revanche que Marie a à prendre, c'est sur cette partie-là. La défaite du dimanche précédent n'en est pas une. Le véritable dig-dag, c'est avec des épingles. Pas des cailloux.

« Manqué ! dit Jeanne. Qu'est-ce qu'il m'arrive ? J'ai les doigts raides comme des bouts de bois.

— Écoute, Jeanne. Hier, quand mon père est rentré, il faisait une drôle de tête. Après le repas, il a parlé. Il nous a dit que des enfants avaient été attaqués...

— Toi aussi, tu sais ? Pour la fille du Vivarais ? Pour les autres ? La fille du Vivarais, elle n'était pas rentrée au soir à huit heures. On l'a cherchée longtemps. Au petit matin, on a retrouvé un bout d'étoffe troué de dentées, puis, un peu plus tard, un morceau de vêtement tout déchiré et taché de sang, le jupon en lambeaux... Le cadavre, on l'a découvert plus haut, dans une place de bruyère. La gorge était percée de coups de crocs. La jambe gauche était mangée jusqu'à l'os. Les bras n'y étaient plus.

— Tu as appris ça comment ?

— J'étais dans la grange quand le curé est venu parler à mon père. Ils ne savaient pas que j'étais tout près. Même que M. Trocelier a dit qu'il fallait montrer de la retenue en paroles. Que, si l'on disait tout ou trop, ça effraierait les gens.

— Et l'autre fille ?

— Celle de Masmejean-d'Allier ? Elle a été attaquée à l'entrée d'un bois. Son frère a voulu la défendre avec son petit couteau. Et puis il a couru pour chercher du secours. On est venu, quoi ! presque tout de suite. Il ne restait plus qu'un tronc sans tête qui avait été emporté dans le plus garni du bois. Les cuisses avaient été dévorées. Avec une partie du corps... Pour le garçon de Cheylard-l'Évêque, je ne sais pas. Le curé a juste dit qu'il avait été à moitié mangé. Rien de plus.

Mince. J'ai encore raté ma chiquenaude. Maintenant, ma main tremble. Regarde.

— Hier, je suis restée à la maison. C'était jour de lessive. Demain, je retourne garder le bétail.

— Quoi ! tu as peur ?

— Mon père a dit qu'il y avait des bonnes et des mauvaises années.

— Toutes ces tueries, c'est à des lieues et des lieues de chez nous. C'est derrière la Margeride. Bien après Baraque-du-Cheval-Mort.

— Les loups, ça se déplace.

— Oui, mais ça n'a que quatre pattes.

— Le frérot de la fille avait un petit couteau ? J'en prendrai un aussi.

— Salade ! Peut-être que c'est un loup-garou...

— Ça, c'est des histoires que les pères-grands racontent. »

Le vent colporte les nouvelles bien autrement qu'un marchand de dentelles ou de chaudrons. Il rôde dans la vallée de l'Enfer, instruit les habitants de Chantegrenouille, dévale le Mont-Chanson, s'attarde dans les gorges de la Truyère. Il se donne des vertiges sur le Puy-du-Truc-de-l'Homme, puis étend son aile invisible jusqu'à Croix-des-Trois-Évêques.

Maintenant, tout le Gévaudan sait et s'inquiète.

M. Étienne Lafont, avocat au parlement de Toulouse, syndic du diocèse et subdélégué à Mende, a rendu compte des événements à M. Marie-Joseph-Emmanuel de Guignard de Saint-Priest, intendant du Languedoc. Les autorités ont recommandé que les femmes et les enfants ne gardent plus seuls le bétail.

Mais quoi ! Ne faut-il pas que mangent les bêtes ? En ces trois mois d'enfer que sont juillet, août et septembre, on moissonne, on laboure, on sème. C'est la peine des hommes que ces travaux-là. On ne peut être partout à la fois.

En ce pays de Gévaudan, on frémit. On ne parle plus de loup ou d'animal. On dit « la Bête ».

Toutes ces attaques, tous ces carnages... Autour des feux, le soir, les vieilles et les vieux fouillent dans leur mémoire. Ils ont beau chercher, chercher encore, ils prétendent n'avoir jamais vu de loup se comporter semblablement.

Car, depuis la mort du garçon de Cheylard-l'Évêque, d'autres villages ont été endeuillés. Cela, même après l'arrivée du capitaine Duhamel, commandant à Langogne les dragons des volontaires de Clermont, à la tête d'une troupe de soixante soldats à pied et à cheval... Cela, même après la venue de Marjevols et de Mende d'une douzaine de chasseurs de métier.

Plus rien n'est secret en ce pays du Gévaudan. Du moins en apparence. Les langues se délient, on a vu la Bête ici, là, plus loin, tout près.

On l'a vue à Souleyrolles, à Fau-de-Peyre, au Pouget.

On l'a vue dans les bois de Saint-Chély-d'Apcher...

4

La Colère de Dieu

« Fais voir, un peu... »

Marie tendit le canif à son père. Il le prit, sortit la lame du manche, la rentra. Puis soupira en secouant la tête.

« C'est tout juste bon à peler les pommes. Avec ça, tu ne ferais guère de mal. Même à une mouche. Attends. Tu vas pouvoir te défendre. »

Chastel sortit, rentra avec un solide bâton. Il alla jusqu'au fond de la salle, fouilla dans le coffre, et revint s'asseoir devant la cheminée.

« Regarde. Tu vas avoir une baïonnette. Ce couteau à tailler les sabots, il n'y a qu'à le lier, et bien lier, au bâton avec du fil d'archal. Ça, ça sera une arme. Elle vaudra bien les épées des soldats du capitaine Duhamel. Pas vrai ? Que fait-il, celui-là ? Il commande à des gens habillés comme à la parade. Ses hommes ont peur de tacher leur uniforme. Leurs bottes ? Elles sont de ce cuir qui brille dans les salons. Ils sont sans cesse à cracher dessus. Ils les frottent pour qu'elles reluisent. Qu'est-ce qu'il s'est passé depuis qu'ils sont arrivés à Saint-Chély, hein ? Ils ont organisé battues sur battues. N'importe où, n'importe comment, n'importe quand. Le pays ? Ils ne le connaissent pas. Ça leur blesserait la langue que de nous demander conseil. N'importe quoi. Ce qu'ils ont réussi à faire ? À attirer la Bête par ici. Elle a passé la Margeride. Elle tourne autour de nous. Voilà toute leur gloire. Comme ça, ils rentrent chaque soir ou presque chez Grassal. Je l'ai vu hier, l'aubergiste. Il se frotte les mains. Il aurait tort de se gêner. Les affaires sont bonnes. Le malheur des uns fait le bonheur des autres...

— Calmez-vous, Jean. Ils ne sont quand même pas venus pour rien, ces hommes. Ils n'ont pas que des torts.

— Je sais. Ils ont battu les bois de Rimeize, de Saint-Alban. Et toute la partie qui se trouve au-delà de la Truyère. Ils ont aussi battu les bois de Termes, ceux de La Fage-Saint-Julien. Résultat ? La peau d'un loup que j'aurais pu tuer avec mon seul fusil. Ah ! la belle prise ! Vraiment !

— Jean. Il ne faut pas que Marie aille seule pour faire pâturer. C'est trop dangereux.

— Quoi ! Avec cette hallebarde que je... »

Soudain, Chastel se tut. Il regarda Marie droit dans ses yeux bleu clair.

« Qu'est-ce que t'en penses, toi ? Tu as peur, là-bas ?

— Un peu.

— Un peu beaucoup, oui. C'est ça que tu veux dire. Quoi faire ? Qui travaillerait à ma place ? Peut-être que tu as raison, Anne. Pourtant, j'ai besoin du Guillaume encore quelques jours. Mais j'y pense ! Pourquoi Marie ne monterait pas avec Jeanne, hein ? Si l'on mettait ensemble nos bêtes et celles des Levallet ?

— À trois, dit Marie, on ne serait pas de trop.

— Tu penses à qui, toi ?

— À moi, Jean, dit Anne. Je veux aller avec elles. Marie dit juste. C'est plus prudent. Il faut voir le danger en face. Chaque jour, la Bête devient plus hardie.

— C'est bon. C'est bon. Mais qui s'occupera de la maison ?

— Il faudra rentrer un peu plus tôt, voilà tout. Ça n'est pas une grande affaire. On mettra les bouchées doubles. Je ne suis pas née les mains dans la poche. Et Marie, elle a du cœur à l'ouvrage.

— C'est bien, dit Jean Chastel. Puisque vous êtes deux contre moi... Faisons comme vous dites. Tôt demain, je parlerai à Martin Levallet. »

Chastel se mit debout, leva le menton de Marie avec l'index replié, sourit.

« Ça va mieux, maintenant ? Tu es rassurée ?

— Ça va mieux.

— Laisse les épingles du dig-dag ici. Tes yeux, mieux vaut qu'ils servent à regarder autour de toi. »

Marie sentit son cœur battre plus rapidement. Pour un peu, elle aurait demandé au père d'aller voir Levallet dans l'instant. Mais il était tard, et, d'après ce que l'on disait, la route du soir n'était point sûre.

Marie desservit la table, mit les écuelles dans le baquet qui recevait l'eau de pluie. Bientôt, elle serait avec sa mère et Jeanne. Alors, la peur disparaîtrait et les journées seraient moins longues.

Qui tuera un loup recevra une gratification de vingt-quatre livres. Mais, qui débarrassera de la Bête ce rude pays qu'est le Gévaudan ? Et combien touchera celui-là ?

Ému par les alarmes qui agitent les paroisses de son diocèse, l'évêque de Mende a décidé de payer en monnaie sonnante et trébuchante un grand nombre de paysans ; sous les ordres du capitaine Duhamel, encadrés par les dragons, mille hommes traquent le monstre que certains appellent la « Colère de Dieu ».

Qui croire ? Un homme a vu la Bête traverser la Truyère à gué sur ses deux pattes de derrière : pour lui, ce ne peut être qu'un singe ou un loup-garou. Un autre prétend qu'elle a la gueule presque semblable à celle d'un lion, mais bien plus grande. « Faux, dit Bertrand Ménard qui l'a chassée dans les bois de Beaume, et l'a entrevue sans avoir eu le temps de tirer ; c'est une panthère ou une hyène. »

Il faudrait pouvoir vérifier tous ces dires, mais, pour l'instant, qui a vu de trop près la Bête s'est fait dévorer... et ne peut donc apporter son témoignage.

Avis aux amateurs, chasseurs des états du Languedoc, d'Auvergne et d'ailleurs ! La France de Louis XV – le Bien-Aimé – ne compte pas moins de trente-trois provinces ; les bons fusils et les braves ne manquent pas...

Ah si ! quelqu'un de Langogne l'a aperçue, longue, basse, de couleur fauve, une raie noire sur le dos, avec une grande queue touffue ; il est rentré au logis, claquant des dents et tremblant de tous ses membres. Depuis huit jours qu'il s'est alité, la fièvre n'a pas baissé. Il délire, murmure maintenant des mots inintelligibles, et s'effraie du moindre bruit.

Marie dort. Elle est dans le pâturage avec Jeanne. Son rêve est de couleur verte, avec, çà et là, des taches blanches, car la neige a commencé à tomber. En milieu de journée, l'herbe réapparaît, mais l'un des neuf mois d'hiver sera le plus fort : la neige finira par gagner du terrain, toute la terre du Gévaudan pour des dizaines de semaines.

Marie dort toujours. Entre deux sapins, à trois pas, se dresse une porte. Marie la connaît. Mais pourquoi donc la porte de sa maison ferme-t-elle l'entrée de ce pâturage ? On frappe à l'huis, Jeanne ne veut pas répondre, les coups redoublent d'intensité. Marie se met en chien de fusil sous sa couverture, la porte s'ouvre lentement, grince. Marie *voit,* alors que ses paupières closes, la couverture de laine et l'obscurité font écran...

« Qui est là ?

— Ouvre, Chastel, ouvre ! »

Le pâturage a disparu. Marie est réveillée. Une chandelle à la main, son père va vers la porte, l'ouvre.

« Qu'est-ce qu'il y a ?

— Il faut que tu viennes, Chastel, vite ! Ceux de La Rouvière, de Chabannes et de Prunières sont là. La petite Marlet – la Françoise, celle de douze ans – a été enlevée tout à l'heure, entre sept et huit du soir. Au-delà de Civeyrac. Elle se trouvait pas loin d'un berger. L'homme dit qu'il n'a rien vu. Viens, Chastel. Il faut qu'on la retrouve. »

Chastel s'est habillé vivement. Il sort dans le froid et la nuit, referme la porte derrière lui.

Marie a sauté de sa couche. Elle court se jeter dans le lit de ses parents pour se blottir contre sa mère. Marie pleure à chaudes larmes. Anne caresse les fins cheveux.

« Calme-toi. Allons, du calme. Ça va passer. Ton père sera bientôt revenu.

— Mais la Bête courra toujours, toujours, toujours...

— Tais-toi. On finira bien par avoir raison d'elle.

— Père dit qu'il y a des bonnes et des mauvaises années. Cette année, elle est maudite. »

Marie s'est enfin rendormie. Anne veille, serre dans ses bras l'enfant, chantonne. Au fond de la salle, Guillaume dort à poings fermés, ronflant, qui n'a rien entendu.

Jean Chastel est revenu à huit heures du matin, avec toute la lassitude d'une nuit de veille et de marche. Il s'est assis à sa place habituelle, il a appuyé les coudes sur la table, le menton reposant à l'intérieur des mains ouvertes.

Oui, Jean Chastel est assis en bout de table, et pourtant, c'est comme s'il se trouvait ailleurs, dans un endroit connu de lui seul...

Anne ne dit mot. Marie dort toujours. Guillaume aussi. Le Guillaume, il faut lui crier dans l'oreille pour qu'il ouvre un œil, et hurler dans l'autre pour qu'il se réveille tout à fait.

Anne sait que Jean parlera quand il aura pu chasser sa peine et sa fatigue. Quand il le voudra bien. Il ne faut pas le forcer. On n'en tirerait rien.

Anne coupe le pain bis, prépare la soupe du déjeuner. Soudain, Chastel lève la tête.

« On a dû passer de l'autre côté de la rivière. De la Françoise, on n'a trouvé qu'un bras. Et des lambeaux de sa robe grise. C'est tout. J'ai vu Levallet. Pour les bêtes, c'est entendu. Et Jeanne ira avec toi et Marie.

J'ai encore à faire une baïonnette. Des couteaux à tailler les sabots, je n'en ai plus un seul. Mais je crois bien qu'il me reste encore une lame de Laguiole. Tu prendras la serpe, toi. Je l'ai affûtée hier soir. »

Chastel a repoussé l'écuelle de soupe. Il allonge les bras, pose le front sur la table, et s'endort comme une masse...

5

La femme sauvage

Trois semaines passèrent pendant lesquelles la Bête ne se manifesta plus. Alors, le pays du Gévaudan crut pouvoir respirer de nouveau. Avec toutes ces battues qui avaient rassemblé des milliers de paysans, on avait tout de même eu la peau de soixante-quatorze loups. Ce n'était pas rien. Chastel, qui n'avait pas vu d'un bon œil la venue du capitaine Duhamel et de ses dragons, avait dû en convenir.

Parmi ces soixante-quatorze cadavres était la dépouille d'un grand loup aux fortes pattes et aux formidables mâchoires. Même s'il ne correspondait pas à certaines descriptions qu'on avait pu faire de la Bête, il était possible que l'animal fût la Colère de Dieu.

À l'aube, Martin Levallet conduisait Jeanne jusqu'à

la porte de la maison des Chastel. Dans la cour, les vaches attendaient, museau rose et cornes pointues, tandis que les chiens tournaient autour du maigre troupeau. Puis, Levallet repartait.

Jeanne entrait, embrassait Marie, avalait avec elle un bol de soupe brûlante. Anne avait déjà déjeuné avec Chastel et Guillaume.

Au bout de la salle, fermée par un mur de planches, était l'étable. Marie et Jeanne y pénétraient, poussaient les bêtes, les encourageaient de la voix afin qu'elles sortent et aillent se mêler à celles qui étaient dans la cour. Pas de confusion possible. Les vaches de Levallet avaient une clochette au cou, dont le battant était en fer du Puy ; les clochettes des bêtes de Chastel rendaient un son différent : le battant était une molaire de vache ou de cochon. Voilà qui sonnait aussi bien que le métal et qui était moins coûteux.

Habituellement, les bêtes montaient en mai dans les pâturages, puis redescendaient fin septembre. Octobre était venu, mais il restait encore à brouter, là-haut. L'hiver était présent en Gévaudan ; pourtant, afin d'économiser le foin, tant qu'il resterait des coins épargnés par la neige, on emmènerait le troupeau au pacage. Si possible jusqu'en décembre. S'ils ne mouraient pas de faim, les Chastel et les Levallet n'étaient point trop riches. Il n'y avait pas de petites économies, et l'herbe était proche d'Apcher.

Les clochettes, c'était pour repérer des bêtes égarées dans le brouillard ou dans la nuit. Mais toutes ces vaches rousses, Jeanne et Marie les reconnaissaient. Elles les avaient depuis longtemps baptisées. Il y avait la Charlotte qu'il fallait sans cesse remettre sur le bon chemin, il y avait la Cagneuse qui traînait souvent en queue de troupeau. Souvent, l'un des chiens allait lui mordiller les pattes de derrière, et la Cagneuse trottait afin de reprendre sa place.

Sur sa blouse bleue, Marie portait un tablier fait dans une peau de mouton, toison en dedans. Jeanne tenait un bâton tordu, durci au feu, que son père avait sculpté tout l'hiver dernier ; c'était une sorte de canne ornée de spirales, de figurines, avec une tête de bélier en haut du manche, et un sabot de vache à l'autre bout du bâton.

Anne Chastel marchait devant, un sac pendu à l'épaule, armée de la serpe. Marie tenait la baïonnette de Jeanne et la sienne. La Bête ne se montrait plus, mais...

« Tu as les épingles ?

— Je t'ai déjà dit non. On pourrait les perdre, dans l'herbe ou la neige. Et puis, il faut surveiller.

— Les vaches, c'est peu de souci. Elles se gardent elles-mêmes.

— C'est de la peine. Il faut les soigner et les traire. »

Marie fit encore quelques pas, puis, s'arrêtant, posa une main sur l'épaule de Jeanne.

« La Bête, c'est davantage de souci.

— Quelle bête ? Celle qu'on a tuée sur la rive du Barnadel à La Bastide ? Ça n'était qu'une grosse louve.

— Non. Paraît que c'était un loup.

— Une louve, je te dis. Grosse de ses louveteaux. C'est le Ménard qui a touché la prime. Il se vante d'avoir reçu un louis en plus pour chacun des petits qui étaient dans le ventre de la mère. Voilà de quoi les gens avaient peur : d'une louve !

— Mon père dit que la Bête court encore. Qu'elle est peut-être repassée de l'autre côté de la Margeride. Ou qu'elle attend son heure.

— Pour mon père, c'est dans la tête des gens qu'elle existe. Pour lui, les carnages, c'était le fait d'une bande de loups. Alors ? Qui est dans le vrai ? Moi, je crois que c'est mon père.

— Mon père dit qu'elle est intelligente. Qu'elle fait la morte pour reprendre des forces. Un jour ou l'autre, on la reverra.

— Tu parles ! Les chasseurs de Mende et de Marjevols sont repartis. Paraît que le capitaine Duhamel et ses dragons vont retourner caserner à Langogne.

— Il faut rester sur ses gardes.

— Oh ! toi et ta prudence ! Et, attention à la Bête ! Gare à ceci, gare à cela... C'est par prudence que tu ne veux pas emporter les épingles. Des parties, on pourrait en faire dans une journée... Mais voilà : Marie a peur de perdre ses épingles... Marie a peur que la Bête nous dévore pendant qu'on joue au dig-dag... Marie...

— Arrête de crier. Ça énerve les bêtes. Pire que les mouches en été. »

Elles se turent. Les nuages étaient bas, lourds. À main droite, on ne distinguait pas la montagne de la Margeride. Et quand le sentier sinueux faisait que l'on avait devant soi les monts d'Aubrac, c'était comme s'ils n'avaient jamais existé, ou qu'une main géante les avait ôtés du paysage.

« Tu es fâchée, Marie ? Tout à l'heure, je... je n'ai pas voulu dire... »

Jeanne s'interrompit, baissa la tête, fit quelques pas, puis :

« Je... enfin... La Bête, j'y pense encore, moi aussi. J'en rêve souvent. Ce sont de drôles de rêves... »

Marie fut presque heureuse de cet aveu. Soulagée, en tout cas. Jeanne aussi avait peur. Sur cette terre de frayeurs, maintenant, Marie ne se sentait plus seule.

« La Bête, poursuivit Jeanne, ça n'est pas un loup. Ni une hyène, ni une panthère. Non. La Bête, c'est peut-être un ours. On l'a vue traverser la Truyère sur les pattes de derrière.

— Qu'est-ce que tu racontes ?

— Un ours qui en veut aux êtres humains.

— Tu es folle, ou quoi ?

— Écoute. Le soir de la battue faite dans les bois de La Fage-Saint-Julien, un chasseur est venu souper à la maison. Il était tard. Très tard. Alors il est resté pour passer la nuit. Les loups, il les chasse depuis longtemps. "C'est un vieil homme qui marche plus vite que bien des jeunes", a dit mon père le lendemain.

« Vers minuit, alors que mes frères étaient couchés depuis longtemps, il a voulu raconter une histoire au père et à la mère. Il a demandé : "Elle dort, au moins, votre Jeanne ?" Ma mère s'est levée pour venir voir où j'en étais de mon sommeil. Pour la tromper, j'ai crié : "Salade ! Salade ! Gagné !" Elle est retournée s'asseoir sur le banc. "Vous pouvez y aller de votre conte. Elle dort comme souche."

« "Ça n'est pas un conte, a dit l'homme. Ça m'est arrivé il y a plus de quarante années. Aussi vrai que je suis avec vous ce soir."

« Il s'est mis à dire son histoire... Pendant l'été de 1720, il avait été appelé dans les Cévennes. Pour participer à une drôle de chasse. Il avait rejoint une quinzaine d'hommes rassemblés au pré de la Dame. La chaleur était terrible. Le soleil brûlait tout...

« Là, on dit à l'homme et à ses compagnons qu'une femme traîne parmi les roches, et qu'il faut absolument l'attraper. Aussitôt, les hommes se déploient, escaladent de rudes pentes...

— La femme s'était perdue ? demanda Marie.

— Elle s'était enfuie de chez elle. Son mari avait demandé qu'on fasse des recherches. Laisse-moi continuer. Le chasseur s'égare dans le bois de La Méjarié. Il essaie de se repérer. Tout à coup, au milieu d'une clairière, il aperçoit une femme toute nue, grande, mince, très belle. Sa peau était de la couleur du bronze. Ses cheveux dorés recouvraient ses épaules. Le chasseur l'appelle, mais la voilà qui file. Il court après. Elle va plus vite, elle s'arrête parfois. Comme pour l'attendre. Quand il croit qu'il va la rejoindre, elle repart de plus belle.

— De plus en plus belle ?

— Si tu te moques, j'arrête. Le chasseur a dit à mon père et à ma mère : "J'ai été plusieurs fois dans les Alpes. Je vous jure qu'elle était plus agile qu'un chamois. Parole d'homme."

— Alors ?

— Elle le fait courir jusqu'à une mare, du côté de Bellecoste, près des sources du Tarn. Là, elle s'arrête

encore. Il lui dit qu'il ne lui veut pas de mal, mais il la voit furieuse. Elle est comme agitée, elle crie d'une voix aiguë : “Reste où tu es. Je te défends de venir jusqu'à moi. Je ne veux pas que tu me voles ma nourriture. Je mange crapauds et grenouilles. Cette mare, c'est un de mes refuges.” Là-dessus, elle plonge, elle nage comme un poisson. Elle reprend pied de l'autre côté de la mare, elle lui lance un défi : “Si tu ne crains pas le froid, reviens cet hiver.”

— Il est revenu ?

— Attends. Comme il ne peut l'atteindre, le chasseur s'en retourne pour rejoindre le lieu de rendez-vous : une cabane dans le pré de la Dame. Il raconte sa poursuite aux autres. Ils rient, sauf un qui dit qu'il ne faut pas se moquer, que cette fille a sûrement perdu la raison.

« Pendant huit jours, ils ont recommencé leurs battues. Ça n'a rien donné. Et puis, comme on l'attendait ailleurs, le chasseur a quitté les Cévennes. Avant de partir, il a laissé son adresse à un homme avec qui il s'était lié.

— Celui qui avait fermé leur bec aux moqueurs ?

— Oui. Et six mois plus tard, le chasseur reçoit un courrier. Au milieu de l'hiver, pendant une chasse aux loups, la femme sauvage avait été prise facilement, alors qu'elle jouait, toute nue, à se rouler dans la neige. Un homme avait dégrafé sa houppelande pour lui couvrir les épaules. Elle, elle l'avait regardé droit dans les yeux. Elle lui avait dit : “Je n'ai pas peur de toi, tu sais ? Les ours sont mes amis. Gare à toi si tu me fais mal. Ils me vengeraient.”

« Elle est morte un peu après, chez des sœurs à qui on l'avait confiée. Juste avant de mourir, elle leur a dit : “Je n'avais pas froid dans la neige. Les ours me réchauffaient. Ils me laissaient me blottir contre leur fourrure.” »

Elles étaient arrivées au pacage. Déjà, les vaches tendaient le cou pour brouter entre les plaques de neige. Les nuages avaient pris de la hauteur, dégageant la montagne de la Margeride.

« Tu crois que l'homme a dit la vérité ? demanda Jeanne.

— Oui, répondit Marie sans hésiter. S'il avait menti, il aurait dit qu'il était revenu l'hiver. Comme la femme sauvage l'avait demandé.

— Alors, pourquoi est-ce qu'il n'est pas retourné dans les Cévennes ?

— Il fallait lui poser la question toi-même.

— Mais, je faisais semblant de dormir !

— Des fois, il ne faut pas avoir peur de se lever. »

Jeanne regarda curieusement son amie.

« Qu'est-ce que tu veux dire ?

— Rien. Si. Ah ! comment t'expliquer ? Si on ne croit pas, *nous,* à l'histoire de ce chasseur, qui pourra entendre notre histoire sans hausser les épaules ?

— Quelle histoire ?

— Celle des carnages que la Bête a faits dans le Gévaudan. »

Anne Chastel s'était approchée.

« Vous semblez bien sérieuses, vous deux. Vous avez vu mon sac qui est là-bas ?

— Le sac de toile suspendu à la branche ?

— Allez voir ce qu'il y a dedans. Et dites-moi si ça y est toujours ! »

Elles coururent comme cabrettes. Marie arriva la première.

« Jeanne ! Jeanne ! Regarde ! Des beignets ! »

Elle sautait de joie.

« Mère, quand est-ce que vous les avez faits ? Quand ? Ils sont encore tièdes dans le torchon.

— Si un chat te le demande, tu n'auras qu'à lui donner ta langue de gourmande. »

6

Un inoubliable dimanche

Le froid s'était installé dans le pays du Gévaudan. Insidieusement, il avait fait son trou dans le flanc de la montagne de la Margeride, investi les monts d'Aubrac, puis refermé son piège blanc sur la région entière.

Lors de la précédente messe, le curé Trocelier avait dit aux anciens que, si l'air était par trop glacé, les chemins difficiles, mieux valait prier au chaud chez soi plutôt que de venir s'abîmer la santé jusqu'à Saint-Chély-d'Apcher. Maintenant, ce n'était pas un ordre, et chacun ferait ce qu'il voudrait... ou ce qu'il pourrait.

Ce dimanche 11 novembre 1764, il y eut moins de monde dans l'église paroissiale. Bien des gens étaient secoués par des frissons, des quintes de toux. On reniflait, on se mouchait, on s'essuyait le nez avec une manche de son vêtement de dessus.

À la fin de la messe, les habitants des hameaux et des villages les plus éloignés avaient pris le chemin du retour. Les autres étaient restés là : M. Trocelier n'avait-il pas laissé entendre que, la Bête n'étant pas réapparue, on pouvait considérer qu'elle était bel et bien morte, et, par conséquent, fêter l'événement ? Il ne s'agissait pas de jouer aux quilles, à la caille, au dig-dag. Non...

Ceux qui savent davantage que le seul alphabet ont le privilège de pouvoir lire entre les lignes. Aux paroles du curé, à la vue de ses yeux malicieusement plissés, les paroissiens avaient compris qu'il n'y aurait pas mal, en ce jour, à aller jusque chez l'aubergiste.

En partant, le capitaine Duhamel et ses dragons avaient fait place nette. Et Grassal, lors des heures de réjouissance, savait agrandir la salle en la débarrassant de ses tables.

Alors, l'auberge se transformait en cabaret.

Grassal montait sur un tonneau, une bouteille de vin à sa portée, couchait sa vielle sur ses genoux, tandis qu'un jeune musicien du dimanche venait en renfort avec sa musette. Et la musique commençait, appelant hommes et femmes, garçons et filles à se mettre face à face, à former deux rangs...

Vive la fête ! En ce dimanche 11 novembre, l'instrument de ce vielleux de Grassal a lancé cinq notes.

Aussitôt, le plancher – qui a entendu bien d'autres appels ! – a fait le gros dos, solide, offrant son bois au martèlement des sabots.

Tout est prêt. La danse peut commencer.

Anne et Jean Chastel avancent l'un vers l'autre. Reviennent. Repartent. Les joues en feu. Le sourire aux lèvres.

Levallet et son épouse font de même, rouges comme la crête d'un fier coq de basse-cour. Jeanne danse avec Guillaume, et Marie fait la *tourne* avec un certain André Portefaix dont les yeux sont bien brillants.

Qui a des crampes au mollet n'a pas le droit de s'asseoir ! Qui a le souffle court n'a qu'à ouvrir grand la bouche pour reprendre de l'air !

La bourrée aime les audacieux et les moqueurs, les vigoureux et les malins.

« Ton nom, c'est bien Marie Chastel ?

— Oui. Pourquoi ? Tu ne me connais pas, peut-être ? Toi, si je dis vrai, tu t'appelles André Portefaix.

— Le bleu de tes yeux est bien clair...

— Si ça ne te plaît pas, tu peux changer de partenaire !

— Ce bleu-là va bien avec ton teint frais et rose...

— En voilà des compliments ! Est-ce qu'on est honnête quand on est aussi poli ?

— Dis de quel signe tu es ?

— Quel curieux tu fais. Du deuxième du zodiaque.

— Taureau ! Je m'en doutais ! Tiens, je vais te chanter une chanson de mon invention.

— Chante un peu pour voir si tu n'as pas une voix de fausset... Attention à mes oreilles !

— Je n'ai pas d'amie, ne suis qu'un pastourel.
Si j'en avais une, lui resterais fidèle,
Si j'en avais une qui m'adorât assez,
De fleurs de baisers la récompenserais.

Hausse-toi vallon ! Baisse-toi, montagne !
Que dans la campagne, je voie Marion.

Je veux la Marie, je la veux, je l'aurai.
Irai la quérir et puis l'enlèverai.
Oui malgré son père, sûr je l'épouserai.

Prends garde au loup, petite,
Qui t'emporte, t'emporte,
Prends bien garde, petite,
Surveille tes moutons.

Ce n'est pas le loup, petite,
Ce n'est qu'un brave gars
Qui tournique, tournique,
Tournique autour de toi.

— Elle est bien de toi, la chanson ? Je crois bien avoir entendu mon père la chanter... »

Qui se sent épuisé par le rythme endiablé de la danse n'a qu'à aller s'asseoir sur un banc... En face des filles, les garçons veulent faire aussi bien, ou mieux, que ces hommes qui tournent avec leur femme depuis longtemps. Ceux-ci ont de l'expérience, ceux-là de l'ambition.

La danse, c'est un bon moyen pour s'attirer les regards, et se débarrasser – le temps d'un après-midi – des fatigues de toute une semaine, des grands et des petits soucis de la vie.

Marie est étourdie. Marie marque encore la cadence, Marie voit la salle chavirer. Anne, qui a l'œil, la récupère dans ses bras et la mène vers un siège.

Grassal y va de tout son cœur, secondé par le musicien du dimanche, toujours vaillant, solide au poste avec sa musette.

Danseuses et danseurs s'écartent pour laisser place à un soliste de la bourrée, fameux acrobate, André Portefaix pour ne pas le nommer... Quel âge a-t-il, ce jeune homme dont les yeux brillent ? Peu importe pour ce moment le nombre des années.

Il a posé une bouteille sur le plancher, au centre de la grande pièce, danse autour, croise ses pas, frôle le flacon, ivre sans avoir trop bu, souriant, paupières closes. Ça n'est pas possible : il a des yeux au bout de ses sabots, pour ne pas toucher la bouteille, et juste caresser le goulot. Marie est fascinée par tous ces pas, ces figures cent fois répétées, mais toujours différentes.

Ce coup-ci, la bouteille a été heurtée. Elle bouge. Marie ne veut pas que la bouteille tombe. Et la bouteille, après avoir hésité, vacillé, se replace sur son cul de bouteille !

L'André Portefaix, c'est un magicien, oui ! roi de ce dimanche, sacré par les applaudissements nourris des spectateurs. Il va s'écrouler, aller à la renverse. Sait-il seulement où il se trouve ? Mais non, il se redresse, exécute une fantastique cabriole suivie d'une incroyable pirouette, retombe sur ses sabots, ôte et remet son chapeau par quatre fois afin, comme il se doit, de saluer l'assemblée.

Marie ne pourrait jurer de rien, mais il lui a semblé

que, lorsque André s'est incliné de son côté, la révérence a été plus appuyée. Il a souri en se relevant, et Marie s'est dit que ce sourire lui était destiné. Un sourire pour elle seule. Elle a rougi, Marie, plus rouge que ces coquelicots qui poussent dans les champs, au bord des chemins, à l'endroit qu'a voulu le vent lorsqu'il a transporté les graines.

André se baisse, prend la bouteille, se remet debout, bien campé sur ses jambes, renverse la tête pour boire, boire, afin de remplacer par le vin toute cette eau qui ruisselle sur son front, cette sueur du dimanche.

« Il danse bien, le petit Portefaix, dit Anne en se penchant vers Marie. Vrai qu'il n'a pas les deux pieds dans le même sabot. Tu ne trouves pas ? »

Marie fait la moue, prend un ton qu'elle voudrait détaché :

« Pas trop mal. Oui. Il se débrouille pas mal. »

La fête est finie. Les Chastel marchent vers Apcher d'un pas vif. Le froid piquerait un étranger, quelqu'un d'ailleurs, ou un paresseux qui viendrait de sortir de son lit. Mais ce froid, Marie ne le sent pas. Elle a dans son corps et dans sa tête toute la chaleur de la danse et de la musique. Le bienheureux trouble d'un dimanche inoubliable.

Tout est neige et silence. Mais chantent encore aux oreilles de Marie la vielle de Grassal et la musette de ce jeunet de musicien.

En vérité, la fin d'une fête n'est jamais qu'une

fausse sortie. La fête s'accroche, reste dans la mémoire, tenace, prend des proportions que l'on ne soupçonnait même pas. La fête, elle resurgit un soir au coin du feu, aiguillonnée par les hautes flammes qui lèchent la plaque noire de la cheminée et les pierres. La fête jaillit au détour d'une phrase, allumée par un mot particulier, une phrase qui pourrait surprendre celui qui l'a prononcée – si seulement il s'entendait parler.

« Tu te rappelles ce dimanche, quand l'André a tourné et tourné autour de la bouteille ?

— Quel André ? Attends. Ah ! oui, le petit Portefaix ? Quelles jambes ! »

Ce tantôt du dimanche 11 novembre, sûr que Marie s'en souviendra...

Oui, l'après-midi du 11 novembre, on avait ri et dansé, noyé toutes ces semaines de peur dans des flots de musique. En quelque sorte, on avait enterré la Bête au plus profond. Pour que jamais elle ne revienne. Et ceux qui prétendaient qu'elle était la Colère de Dieu avaient déposé les armes.

La vie avait repris. Maintenant, le froid régnait en maître sur tout le Gévaudan. Mais, avec celui-là, on savait à qui l'on avait affaire. On le connaissait depuis toujours. Il partait, revenait, c'était comme ça. Le froid, il arrivait qu'il plie les genoux, tôt ou tard, mais il les pliait. Pourtant, on n'ignorait pas que ce n'était qu'une trêve. Dans quelques semaines, il se redresserait, plus ou moins froid, mais froid de toute façon. Ni ami ni ennemi, le froid était le froid.

La Bête, ah ! la Bête, ça avait été autre chose.

Et puis...

7

Le mandement de Monseigneur l'évêque

Et puis la Bête se manifesta de nouveau. Coup sur coup. Avec férocité. Lors d'une sanglante série.

Le 23 novembre, à Boussefol, paroisse de Rieutort-de-Randon, une fille de dix-neuf ans fut dévorée.

Le lendemain matin, dans le bois de Saint-Martin-du-Born, la Bête attaqua Delphine, une fillette de douze ans. Le père pleurait à chaudes larmes en racontant les faits. Il se trouvait au milieu des bêtes à cornes, s'occupant d'une vache blessée au-dessus du sabot lorsque, soudain, il avait perçu un bruit suspect. Levant la tête, il avait vu la Bête telle qu'on la décrivait, épiant l'enfant, et se ramassant pour s'élancer sur elle.

Se retournant, Delphine s'était trouvée face au monstre.

« Père ! Au secours ! Défendez-moi ! »

Alors, avec comme arme un seul bâton, Paul Courtiol avait couru vers la Bête, s'escrimant de son mieux, cherchant à l'assommer. Mais, bondissant sur lui, la Bête l'avait renversé, puis, d'un saut, avait fondu sur Delphine. Refermant ses énormes mâchoires sur le bras de l'enfant, elle l'avait traînée sur plus de trois cents pas avec une rapidité étonnante, comme mue par une force surnaturelle.

Lorsque Courtiol était arrivé sur les lieux, la Bête avait fui, abandonnant Delphine sans vie, le cou ensanglanté. Oui, l'homme pleurait à chaudes larmes en contant ce malheur.

Se transportant d'un endroit à un autre avec une extrême agilité, la Bête fut le 25 à Sainte-Colombe-de-Peyre. Elle saisit une jeune femme qui se trouvait dans son jardin, puis disparut en entendant les bruits de pas des habitants du village rentrant de la messe. Les vêtements de la victime étaient en lambeaux ; le ventre avait été déchiré, et une partie des entrailles dévorées. Le garçonnet que gardait la femme ne cessait de répéter qu'il n'avait rien pu faire ; l'horreur se lisait sur son visage.

Les carnages se succédaient à un rythme infernal.

Le 26, la Bête attaquait un enfant de dix ans au lieu de Contrandès, lui coupant la tête et mangeant les

poumons après avoir déchiqueté la poitrine et broyé les côtes.

Le 27, à Mialanettes, paroisse du Malzieu, une fille fut secourue par sa servante, qui saisit la Bête par une patte de derrière et lui fit lâcher prise. Alors, se jetant sur la domestique, l'animal la mordit au bras et au visage. Des gens vinrent à temps, en nombre, mis en alerte par les cris. La Bête se sauva. Malgré leurs profondes blessures, au moins ces deux-là ne moururent-elles pas.

Dans ce pays du Gévaudan comme dans le sud de l'Auvergne, on trembla de nouveau. Autour de chaque feu, si l'on ne parlait pas de la Bête, on se taisait.

À la Baraque-de-la-Croix de Trives, Jean-Pierre Pourcher, voyant une forme suivre le chemin de la fontaine, avait été pris de frayeur...

Décrochant vivement son fusil, il avait couru pour aller se poster à la fenêtre de l'écurie qui donnait sur la fontaine. De là, il avait aperçu un animal inconnu. « C'est la Bête, s'était-il dit. C'est elle. Ça ne peut être qu'elle. » Après avoir fait un rapide signe de croix, il avait épaulé, tiré.

La Bête avait vacillé avant de tomber à terre. Elle s'était relevée, secouée, regardant d'un œil furieux autour d'elle. Puis elle avait trotté vers l'écurie...

Alors, sans tenter de recharger son arme, Pourcher avait aussitôt fermé les volets...

Les enfants, les femmes et les hommes déjeunent, dînent et soupent. De même, il faut bien que mange le bétail...

Anne, Marie et Jeanne allaient toujours au pacage. Tant que la neige ne couvrirait pas entièrement le pays, tant qu'il resterait des coins d'herbe pour brouter, les vaches sortiraient. Ainsi économiserait-on le foin. Les moutons, c'était différent. La neige, ils la poussaient avec le museau pour chercher dessous leur nourriture.

Jean Chastel le solitaire parcourait les bois de Saint-Chély-d'Apcher à grandes enjambées, fusil coincé entre bras droit et poitrine, la main gauche maintenant le canon presque à l'horizontale. Prêt à tirer. Prêt au pire.

Le 9 décembre, on pria dans l'église paroissiale ; à la place de l'habituel sermon, le curé Trocelier lut un mandement de Monseigneur l'évêque de Mende par lequel celui-ci ordonnait des prières publiques, vu les ravages qu'occasionnait l'animal anthropophage qui désolait le Gévaudan.

La voix du curé était plus grave que de coutume quand il commença la lecture de la lettre épiscopale...

« Jusqu'à quand, Seigneur, vous mettrez-vous en colère ? Nous avons ressenti, avec presque tous les peuples de l'Europe, les catastrophes d'une longue guerre qui a dépeuplé les provinces et épuisé les États. La paix à peine revenue, nous avons été atteints par de nouveaux malheurs : la mortalité des bestiaux, le bouleversement des saisons, les grêles et les orages qui ont désolé les campagnes et les ont rendues stériles. Ils ont enlevé au paysan le pain nécessaire à sa subsistance. Mais tout cela n'était que le prélude d'un malheur plus terrible encore : la Colère de Dieu. Une Bête féroce est apparue dans nos climats, laissant les traces sanglantes de sa cruauté. Elle est venue comme par miracle, et sème la frayeur en nos campagnes. Elle joint la force à la ruse, fond sur sa proie avec une agilité extraordinaire, parcourt d'énormes distances en un temps très bref. Ce monstre s'en prend de préférence aux femmes et aux enfants, aux vieillards aussi, mais ose attaquer les hommes robustes. La justice divine ne peut permettre que l'innocence soit malheureuse. Nos infortunes proviennent de nos péchés. Rappelons-nous les paroles de Dieu, les menaces qu'il proféra par la bouche de Moïse contre les gens de mauvaise foi : "J'armerai les dents des bêtes farouches qui les dévoreront, eux et leurs troupeaux, les réduisant à un petit nombre, faisant de leurs chemins un véritable désert. Je serai pour ceux-là tel un léopard ou une lionne. Je viendrai à eux comme une ourse à qui l'on enleva son petit. Je leur ouvrirai les entrailles et les dévorerai."

« Cessons d'offenser Dieu qui ne nous frappe que pour nous guérir. Alors le monstre arrêtera ses agissements et disparaîtra. Tout terrible qu'il est, cet animal n'est point invulnérable. Il dépend de notre conduite que le monstre s'évanouisse. Montrons-nous gens de bonne foi. On fera donc les prières de *quarante heures* qui commenceront dans notre cathédrale dimanche prochain, neuvième de décembre ; et nous ordonnons que, dans les églises, semblables prières soient faites pendant trois dimanches consécutifs. »

Fait à Mende, dans notre palais épiscopal, le 3 décembre 1764,
Gabriel-Florent de Choiseul-Beaupré,
par la miséricorde divine et la grâce du Saint-Siège apostolique, évêque, seigneur et gouverneur de Mende, comte du Gévaudan, conseiller du roi.

Ce dimanche 9 décembre, l'auberge de Saint-Chély-d'Apcher ne se transforma pas en cabaret ; nul client ne vint boire chez Grassal. Après la messe, chacun rentra chez soi, et les Chastel prirent le chemin d'Apcher.

Ils marchaient vite ; le froid y était pour quelque chose, certainement, mais si Chastel emmenait rondement son monde, c'était parce que les paroles résonnaient encore dans sa tête : « ... les réduisant à un petit nombre, faisant de leurs chemins un véritable désert. »

Les enfants étaient entre Anne et Jean.

« Mère, dit Guillaume, si l'on prie bien, la Bête ne reviendra plus ? »

Anne ne répondit pas. C'est Jean qui parla :

« En priant avec un bon fusil, peut-être.

— Ne blasphémez pas, Jean.

— Je ne blasphème pas. Qui pourrait douter de notre foi ? Mais cette Bête existe ! Elle bondit là, elle file droit, elle louvoie. Elle s'en prend à qui, au juste ? À des enfants, à des femmes, à des vieux impotents. Elle s'attaque aux moins robustes. Qu'elle ose donc se montrer au bout de mon fusil. J'ai cru avoir repéré des traces dans les bois de Saint-Chély. Nous verrons bien. En tout cas, elle tourne autour de nous. Ah ! voilà les Portefaix. »

Marie, qui marchait silencieuse, tête basse, regarda devant elle. La famille des Portefaix se trouvait à la hauteur de la Croix-des-Anglais. Ils venaient à leur rencontre. Marie sentit que son cœur se mettait à battre plus vivement, tandis qu'une chaleur lui montait au visage.

« Alors, François, dit Chastel au père Portefaix, tu as eu une panne d'oreiller ? Si c'est pour la messe de dimanche prochain que vous venez, sûr, vous êtes en avance. Eh bien ! Mathilde ! Vous en faites une figure !

— La Bête est par ici, Chastel. Jeannot, le dernier de huit ans, a crié ce matin. On était dans l'étable, prêts à sortir par-derrière la maison, quand on l'a entendu. André a couru. Il a vu le petit comme hypnotisé, les yeux fixés vers la fenêtre. La Bête avait posé ses pattes sur le rebord. On lui voyait le poitrail. Elle haletait. Mais parle, André, parle !

— C'est comme mon père vous a dit. Jeannot ne bougeait plus, après avoir crié. J'ai cru que la Bête allait sauter dans la salle. J'ai pris le bâton à remuer les cendres, j'ai couru vers elle. Elle s'est remise sur ses quatre pattes. Elle a filé. Avant d'escalader le muret, elle s'est retournée. Les bêtes, ça ne parle pas, mais ses yeux lançaient des éclairs comme s'ils voulaient dire : "Je vous retrouverai." Oui, ses yeux parlaient. Et puis elle a sauté et a disparu. Voilà.

— Écoute, Chastel. Le feu, faut pas jouer avec. Ta famille est en bonne santé. La mienne, elle l'était aussi jusqu'à ce matin ; ç'aurait pu être un malheur. Regarde la tête du Jeannot. Il est encore tout retourné. À Chanaleilles, on pleure, à Albaret-Sainte-Marie aussi, et pareil au Mazel et dans d'autres villages. On dit que la Bête a déjà dévoré, blessé plus de quarante personnes. Tout à l'heure, si André avait été moins prompt, les larmes auraient pu couler chez nous, à Chabannes. Tiens, je vais te faire une proposition. Je sais que tu emmènes paître tes bêtes avec celles du Levallet. Vos pâtures sont proches, les nôtres ne sont guère éloignées. Alors, on pourrait mêler nos vaches. Elles iraient une fois dans vos pacages, puis l'autre, elles viendraient sur nos terres. Qu'est-ce qu'il reste de temps ? Quoi, encore quelques journées. Après, là neige recouvrira tout. Sûr. Ces journées, c'est autant de foin d'économisé, pas vrai ? Ceci dit, il ne faut pas prendre de risques. Il y aura davantage de bétail à surveiller, sans doute, mais avec nos quatre garçons et Madeleine, ça fera cinq personnes de plus. Qu'est-ce que t'en dis ?

— Ce que j'en dis ? Pourquoi pas ? Allons vers Apcher. De toute façon, la messe est terminée, et Grassal n'a pas ouvert boutique. Je vais vous raconter les dernières nouvelles en chemin. Le curé a lu en chaire un mandement de Monseigneur l'évêque de Mende.

— Dis, on parle de la venue du lieutenant des chasses du roi. Oui. Son porte-arquebuse, le Grand Louvetier. Un nommé Antoine de Beauterne. Paraît qu'il aurait déjà tué douze cents loups. Il est célèbre à la Cour. C'est le roi en personne qui lui a demandé d'aller en Gévaudan.

— Qui t'a dit ça ? Et quand ?

— L'Étienne Lauret, le colporteur. Il en a parlé à Mathilde pas plus tard qu'hier. L'homme doit arriver demain. Même qu'il logerait à Saint-Chély.

— Le roi est bien bon, mais peut-être crédule, aussi. Douze cents loups, ça fait quatre mille huit cents pattes, non ? C'est beaucoup pour un seul homme. Ce de Beauterne, il n'en rajoute pas ? Les vaches qui remuent par trop la queue, ce ne sont pas celles qui donnent le plus de lait. La Bête, François, c'est l'un d'entre nous qui l'aura. Qui ? Quand ? Je ne sais pas, mais ça n'est sûrement pas quelqu'un d'étranger au pays qui lui fera la peau. Le terrain, ça fait des années que toi, moi, Levallet, on le connaît. Les gens de la plaine, qu'est-ce qu'ils savent ? Même le Duhamel qui est de la montagne n'a rien pu avec ses dragons. Pour chasser, il faut être né ici. Il y a des coins où l'herbe paraît plus verte, comme engageante. Tu sais ça comme moi. Le terrain semble solide, mais, si l'on fait trois pas, on est dans le bourbier, on enfonce jusqu'à la cheville. Pour s'en sortir, il faut vite se retourner, se mettre à plat ventre. Et puis ramper pour ne pas mourir noyé dans cette fondrière. Ça n'est pas vrai ? Ce de Beauterne, je lui souhaite bien du courage.

— Neuf mille livres, ça peut donner de la vaillance. Même à des poltrons.

— Qu'est-ce que tu veux dire ?

— Monseigneur l'évêque de Mende a promis mille livres à quiconque tuerait l'animal ; les états de la province du Languedoc, deux mille livres. Il y a des commissaires de nommés pour faire compter la somme...

— Ça ne fait que trois mille.

— Attends ! Laisse-moi terminer ! Le roi a ordonné une gratification de six mille livres pour celui qui détruira la Bête. Le compte y est ?

— Il y est. Ça n'est pas rien. Tu tiens aussi cela de l'Étienne Lauret ?

— Du même, oui. Paraît que ça sera annoncé aux prochaines messes. Et affiché.

— Alors c'est vrai. Il vend ses marchandises à un prix normal. Le bénéfice qu'il prend paie sa peine. Tout juste. Ce colporteur, ce n'est pas un voleur d'argent. On peut le croire sur parole. Neuf mille livres ? Mazette ! Ça va éveiller bien des convoitises... »

Anne Chastel parlait avec Mathilde Portefaix. Marie marchait à côté d'André.

« Tu as eu peur en voyant la Bête ?

— Sûr. Mais je m'en suis rendu compte après. D'abord, je me suis précipité sur le bâton à remuer les cendres. Je voulais défendre le Jeannot. Mais oui, j'ai eu peur. Regarde ma main. Elle tremble encore et je n'ai pas froid.

— La Bête, comment elle est ?

— Énorme. Ses yeux sont étincelants. Oh ! le regard qu'elle m'a jeté avant d'escalader le muret... Jamais je n'oublierai. On aurait dit qu'elle me donnait

rendez-vous, mais sans fixer de date. Rendez-vous pour un jour connu d'elle seule.

— Et si ça n'était qu'un loup, la Bête ?

— Est-ce qu'un loup serait venu se poster ainsi, en prenant appui sur le rebord de la fenêtre ? Sûrement pas. »

Marie songea à l'histoire que lui avait racontée Jeanne, à cette femme sauvage qui prétendait que les ours la vengereaient pour peu qu'on lui fît mal.

« On dit qu'elle a les pattes de devant plus courtes.

— Je n'ai rien vu de cela. Mais je me souviens de ses mâchoires formidables, de sa queue longue et touffue. Pour le reste...

— Tu la reconnaîtrais ? »

André regarda Marie en même temps qu'elle levait la tête vers lui. Il avait des yeux noirs, brillants. Que ce soit dans l'auberge de Grassal transformée en salle de danse, ou sur ce chemin glacé, les yeux d'André brûlaient.

« Sûrement. Mais je ne le souhaite pas. À moins de voir sa dépouille. Je veux bien la reconnaître, mais morte. Crois-moi : c'est un animal terrifiant. »

Marie et André poursuivirent leur marche en silence, côte à côte. Tout à l'heure, à Apcher, les Portefaix prendraient congé des Chastel. Chacun rentrerait chez soi. De l'après-midi du dimanche 11 novembre restait un souvenir, un instant lumineux dans ce temps d'inquiétude, gris, quelques douces heures en ce deuxième mois d'un cruel hiver.

Et puis, Marie songea qu'elle serait avec André pendant plusieurs jours, dans les pacages des uns et des autres. À cause de la Bête, mais aussi grâce à la Bête. Un moment, elle souhaita que l'on ne tue pas le monstre tout de suite, afin de goûter jusqu'au bout les journées qu'ils devaient passer ensemble. Elle chassa vite cette pensée qui lui parut horrible.

Des cris la firent revenir à la réalité.

Elle courut, courut avec André et Guillaume, les

enfants Portefaix, sur le chemin, rejoignant ses parents et ceux d'André.

« Il m'avait dit qu'il passerait peut-être chez vous aujourd'hui, disait Portefaix. Bien que ce soit dimanche. »

À terre gisait une mule, le cou ensanglanté. Des rubans, des chapelets, des dentelles sortaient des sacs éventrés. À côté d'une boîte crevée, traînaient des épingles à tête de verre couleur améthyste...

Marie restait là, hébétée, regardant la mule, toutes ces choses répandues, la mule...

« Jean ! Jean ! »

C'était la voix de François Portefaix. Il s'était éloigné. Il appelait. Tous se précipitèrent, et Marie, épouvantée, vit le corps mutilé d'Étienne Lauret...

Le colporteur était étendu, face contre sol ; son vêtement déchiré laissait voir une béante blessure dans le bas du dos ; la partie supérieure du séant était dévorée, ainsi que les reins...

8

Le feu

Que le Gévaudan s'honore de l'attention que lui porte le roi Louis, quinzième du nom, Bien-Aimé de ses sujets, en son château, à Versailles. Instruit des malheurs que cause un animal dans une lointaine province, Sa Majesté a convoqué Antoine de Beauterne, son lieutenant des chasses et porte-arquebuse, lui a ordonné de partir pour la région dévastée, après que ce Grand Louvetier aura choisi d'excellents chasseurs et leurs limiers.

Il faut que cessent ces désastres.

Les ducs d'Orléans et de Pontièvre, ainsi que le prince de Condé, ont grandement approuvé la décision du souverain, tenant à ce que leurs chiens d'élite forment la royale meute.

Que le Gévaudan se rassure. Dès son lever, le roi a une pensée pour toute une contrée dans la peine. Il va à la fenêtre de sa chambre, et voit – à travers les vitres – la neige tomber à gros flocons. Puis un valet tend un miroir à Sa Majesté afin qu'elle puisse se regarder. De hautes flammes montent dans l'imposante cheminée, le feu crépite, depuis longtemps allumé. Brûlant sans cesse, en vérité, depuis que l'arrière-grand-père du Bien-Aimé, Louis XIV, le Grand, Roi-Soleil, a décidé la construction de ce « plaisir superbe de la nature » qu'est le château de Versailles.

Tout à l'heure, le roi arpentera la galerie des glaces immensément longue, large de dix bons pas ; dix-sept fenêtres l'éclairent, auxquelles correspondent dix-sept grands miroirs composés de quatre cents panneaux de glace, sur le mur opposé.

En Gévaudan, les fenêtres ne sont que trous dans les murs, sans châssis ni vitres, avec des volets pour seules fermetures. En Gévaudan, pour se regarder, Marie doit se pencher au-dessus de la mare gelée.

Mais quoi ! Que le Gévaudan s'apaise. Antoine de Beauterne a reçu l'ordre de ne point repartir tant que la Bête accomplira ses sinistres besognes. Quatorze gardes-chasses l'accompagnent, ainsi que d'excellents limiers et leurs valets. Pour ne point qu'ils se fatiguent avant les chasses, ces chiens sont transportés dans des paniers ! Qui s'en plaindrait, excepté les mules sur le dos desquelles ils ont été chargés...

Que le Gévaudan ne s'avise pas de rire de ces

mâtins voyageant tels des seigneurs ! Ils ont traqué bien des loups, féroces frères ennemis. Superbement, ils ont fait face au sanglier, ont esquivé de méchants coups de tête, l'ont poussé à bout. À bout de forces.

Enfin, que le Gévaudan respecte le Grand Louvetier. Antoine de Beauterne est un galant homme, zélé, intelligent, disposé à mettre toute l'activité possible dans l'exécution de la mission qui lui a été confiée. Il chassera avec vigueur, sans relâche, le dangereux animal. Que la Bête prenne garde à cet homme ! Pour parvenir à ses fins, il ne manquera pas d'exercer les paysans à tirer, promettant six livres à celui qui approchera de près le monstre, s'engageant sur l'honneur à conduire lui-même au roi le vainqueur de cette Colère de Dieu – comme l'appelle Monseigneur l'évêque de Mende, et comme disent certains en Gévaudan.

D'ailleurs, il semble bien qu'elle soit moins habile qu'auparavant, moins sûre. La présence au pays du Grand Louvetier produirait-elle déjà des effets ?

Deux religieuses, qui se rendaient de Chaliers à Paladines pour quêter, ont été attaquées par le monstre. Mais, voyant arriver des paysans, l'animal s'est enfui sans demander son reste. Oui ! la Bête s'est sauvée !

Ce n'est pas tout. Apercevant la Bête qui trottait vers eux, trois garçonnets ont grimpé, tels des singes, sur un arbre. En arrivant au pied du sapin, elle a dispersé d'un coup de patte un fagot de bois que les enfants avaient confectionné. Elle a cherché quelque

temps dans les broussailles. Puis, ayant entendu la voix de l'un des trois qui tentait de rassurer ses compagnons, la Bête s'est dressée contre le tronc, essayant de grimper, griffant l'écorce, rageant de ne pouvoir s'élever. Enfin, un étranger à cheval s'approchant, la Bête a renoncé à l'attaque et a disparu.

Ainsi : des paysans l'avaient mise en déroute, des enfants s'étaient montrés plus rusés qu'elle, et un cavalier l'avait fait décamper...

Oui, un homme de confiance envoyé par le roi venait à peine de poser pied en Gévaudan que la Bête semblait moins audacieuse, essuyait ses premiers revers...

Jean Chastel poussa la porte, entra. L'odeur de la soupe fit frémir ses narines. Il accrocha le fusil au clou, ôta sa peau de mouton. Puis donna une bonne bourrade à Guillaume après avoir ébouriffé les cheveux de Marie.

« Alors, la journée s'est bien passée ? Vous vous arrangez, avec les Portefaix ?

— La Bête, elle peut venir, dit Guillaume. On lui fera son affaire.

— Dis donc, toi ! tu parles déjà comme un vrai petit homme. Mais tu vois, je préfère qu'elle ne vienne pas. Sûr. »

Il s'assit, traça une croix sur la miche de pain bis

avec son couteau, découpa des tranches que Marie déposa dans les écuelles. Anne versa la soupe du soir.

« J'ai repéré d'autres traces dans les bois du Soulier. On dirait qu'elles sont pareilles à celles que j'ai trouvées, l'autre jour...

— Père, c'est prudent que vous alliez seul dans les bois ? »

Chastel leva la main, pointa l'index vers l'endroit du mur où pendait le fusil.

« Celui-là, Marie, tu l'oublies ? Avec un fusil, on n'est jamais seul.

— Jean, vous devriez être raisonnable. Tout le monde participe aux battues, et vous, vous chassez en solitaire. François Portefaix dit...

— Que je suis têtu. Et même imprudent. Je sais. Il m'en a fait la remarque. Levallet aussi. Mais, est-ce que je suis né de la dernière pluie ? Qu'ils pensent ce qu'ils veulent. Moi, je me mets à la place de la Bête. Enfin, j'essaie. Tiens, Marie, tu es la Bête, et moi, je suis Antoine de Beauterne. De par le roi, j'ordonne une battue pour dans quatre jours, avec cinq mille hommes de trente-six paroisses. Qu'est-ce que tu fais ? Dis un peu. N'oublie pas : tu es un animal qui réfléchit. »

Marie hésita, se glissa sous le cuir de la Bête, non sans ressentir une certaine répulsion.

« Je... je me tiendrais tranquille un moment. Et puis, deux jours avant la battue, j'irais marquer la neige. Je laisserais des traces. Pour bien montrer que je suis là. Que c'est là qu'il faut battre.

— Tiens, tiens. Et après ?

— Après ? Je suis la Bête ? Vraiment ? Alors, comme je cours vite, j'irais à des lieues et des lieues pour, pour...

— Parle ! Tu es la Bête !

— Eh bien, comme les femmes et les filles, et aussi les garçons de moins de quatorze ans ne battent pas, je...

— Parle, Marie !

— J'irais vers une maison isolée pendant que l'on me chasserait bien loin...

— Pour dévorer une femme ou un enfant. Ou les deux.

— Jean, dit Anne, cet animal est rusé, mais ça n'est qu'un animal. Ça n'est pas le diable. À force de parler de Satan, on finit par en voir les cornes. La Bête...

— Cela fait des mois qu'on la traque. Que fêtes et dimanches, des chasseurs se sont rassemblés dans le Rouergue, en Haute-Auvergne, et ici. Peine perdue. Les gens sont fatigués et se désespèrent.

— Vous avez eu plus de résultats ? »

Chastel baissa la tête, puis regarda le feu. Il se leva, alla prendre une bûche, la jeta dans l'âtre, provoquant une gerbe d'étincelles.

« Écoutez, dit Marie. On dirait qu'on vient, dans la cour. »

En deux bonds, Chastel fut contre le mur où se trouvait accroché le fusil. Il se saisit de l'arme. On entendit des coups : on frappait à la porte.

« Qui est là ? cria Chastel.

— Pélissier et Lachenay, gardes des capitaineries de Sa Majesté, placés sous les ordres du lieutenant Antoine de Beauterne. Ouvrez ! »

On frappa encore. Violemment, cette fois. Anne s'était levée ; Marie et Guillaume étaient venus se blottir contre elle.

« N'ayez pas peur, ici, leur dit Chastel. Guillaume, va ouvrir. N'aie pas peur, je te dis. »

L'enfant fit comme son père le lui demandait. Deux hommes entrèrent.

« Jean Chastel, c'est ici ? L'homme, c'est vous ?

— C'est mon prénom et mon nom. Oui. »

Il avait baissé son fusil pour l'appuyer contre le mur, la crosse reposant sur le sol.

« Jean Chastel, nous sommes chargés de vous arrêter, et de vous emmener avec nous sur l'heure. »

Marie se blottit davantage contre sa mère. « Qu'est-ce qu'il a fait ? Qu'est-ce qu'il a fait ? » répétait-elle. Elle tremblait.

L'un des gardes s'approcha de la chandelle, déplia un papier, lut...

« Nous, Louis Pélissier, garde-chasse de la capitainerie royale de Saint-Germain-en-Laye, portant la bandoulière du roi, et nous, François Lachenay, garde-chasse de Son Altesse Sérénissime Monseigneur le duc de Pontièvre, prince du sang, portant aussi la bandoulière de ce prince, avons reçu de monsieur Antoine de Beauterne, chevalier de Saint-Louis, notre commandant, ordre de faire mettre en prison de la ville de Saint-Chély-d'Apcher, pour y être écroué, le dénommé Jean Chastel. Pour les faits suivants :

« L'an 1764, le treizième jour du mois de décembre, les gardes-chasses Pierre Rinchard et René Dumoulin étant en Gévaudan par ordre de Sa Majesté pour y servir à détruire la Bête féroce, ou les loups qui dévorent les habitants, se trouvaient à faire une battue à la paroisse de Fraissinet-Chazelais. Ils ont demandé à Jean Chastel, seul à ce moment, s'ils pouvaient aller par un passage près du bois de Monchabrier qui allait être battu par les habitants de Saint-Léger-du-Malzieu, de Verdezun et du Malzieu-Ville. À quoi il leur a été répondu qu'ils pouvaient y passer en toute sûreté. Ayant eu foi de ce qui leur était dit, Pierre Rinchard est passé par ledit endroit et s'y est embourbé de telle façon qu'il a cru y périr. Son cheval n'est sorti qu'après avoir cassé la croupière et ses sangles. Ce que voyant, ledit Chastel s'est mis à rire de toutes ses forces, constatant que Pierre Rinchard était sali jusqu'à la ceinture. Pierre Rinchard et René Dumoulin lui ont dit qu'il n'était qu'un coquin. À cela, Jean Chastel a répondu par des sottises. Outré du mauvais tour qui leur avait été joué, et de cette effronterie, Pierre Rinchard a marché sur Jean Chastel pour l'arrêter et prendre l'ordre dudit Antoine de Beauterne, afin de le conduire en la prison de la ville de Saint-Chély-d'Apcher. Ce que voyant, Jean Chastel a aussitôt couché en joue Pierre Rinchard, à brûle-pourpoint ; il l'aurait infailliblement tué si René Dumoulin, qui s'était approché, n'avait promptement secouru son collègue en se jetant sur-le-champ sur Jean Chastel et en le saisissant au collet. Ensuite de quoi, après que René Dumoulin eut lâché Jean Chastel en pensant qu'il l'avait ramené à la raison, ce dernier mit ledit Dumoulin en joue, dans l'intention évidente de le tuer. Ce que constatant, Pierre Rinchard et René Dumoulin, afin d'éviter un malheur certain, et ne pas avoir à tuer Jean Chastel – ce qu'il méritait bien – ont quitté les lieux afin de rapporter l'événement à leur commandant Antoine de Beauterne.

« Comme il a été dit, Jean Chastel doit nous suivre, nous, Louis Pélissier et François Lachenay, pour être incarcéré dans le donjon de Saint-Chély-d'Apcher et y être détenu sûrement en attendant que soit prononcée sa punition. »

L'homme replia le papier.

« Allons, suivez-nous, Jean Chastel. Il ne vous servirait à rien de résister. Vous le savez bien. »

Chastel était contre le mur, son fusil derrière lui. Il regarda les gardes, Guillaume et Marie, Anne. Puis se décida à marcher. Il ébouriffa les cheveux de Marie, adressa une bonne bourrade à Guillaume.

« Votre mère vous expliquera, dit-il. Vrai, Anne, vous leur direz tout. Gardez-vous bien. Emmenez encore les bêtes demain samedi, mais c'est le dernier jour. Des endroits à brouter, il ne doit plus en rester beaucoup. Après, il faudra donner le foin. »

Marie voulut s'élancer, courir après son père qui sortait, précédé d'un garde-chasse, et suivi du deuxième. Courir dans le froid et la nuit. Mais Anne la retint fermement contre elle. Marie entendit le bruit des pas dans la cour. Un homme, son père, marchait en sabots, emmené par les gens d'Antoine de Beauterne chaussés de bottes.

Puis on n'entendit plus rien, hormis le crépitement du feu.

Les flammes se tordaient dans la cheminée, rouges, violentes, jaunes, éclatantes, bleutées parfois, éclairant la salle, créant des ombres changeantes sur le mur. Soudain, provoquant une poussière d'étincelles, la bûche que Jean Chastel avait jetée tout à l'heure s'effondra, dévorée en son milieu par un feu d'enfer.

Le feu, pour qui vit dans ces régions où l'hiver règne près de neuf mois sur les douze de l'année, c'est une espèce de compagnon, toujours présent, jamais le même. Tout dépend d'où souffle le vent, du brouillard plus ou moins bas qui peut barrer le passage à la fumée, du froid vif qui rend les membres cassants comme le verre, du froid humide qui vous pénètre jusqu'aux os. Tout dépend de la façon dont on le regarde, de la manière dont on le nourrit. Il faut savoir remettre le bois au bon moment, à l'endroit précis, là où le feu faiblit.

Le feu, ça s'apprivoise dès la mi-août, lorsque l'été bascule, fuit devant les premières brumes, se trouve obstinément harcelé, piétiné par des pluies diluviennes.

Le feu, Marie était née avec, il lui avait réchauffé les membres lorsqu'elle était toute petite, il était présent dans ses plus lointains souvenirs. Et maintenant, depuis que son père était parti, que deux gardes-chasses l'avaient emmené, elle ressentait le feu différemment. Oh ! sûrement qu'il dégageait une forte chaleur, vu son éclat. Pourtant, quelque part en elle, Marie avait froid.

« Allons, les enfants, à table. Avec tout ça, vous n'avez pas terminé la soupe. »

Ils s'assirent, mangèrent en silence le morceau de pain bis gonflé par le bouillon. Puis, d'une voix douce, Marie parla.

« Mère, tout à l'heure, père vous a dit de tout nous dire. Pourquoi est-ce qu'on l'a emmené ? Pour les gardes-chasses, c'est vrai ? Dites ! Pourquoi ? »

Anne tourna la tête vers la cheminée, fixa un instant le feu. Il avait sorti ses griffes acérées, attaquant à gauche et à droite les deux bouts de bois qui avaient formé cette bûche que Jean Chastel avait jetée dans l'âtre.

Anne détourna son regard du feu, s'éclaircit la voix.

« Voilà. Hormis le dimanche, nous emmenons chaque jour les bêtes en pâture. Le père, depuis qu'il n'y a plus à besogner dans les champs, il part le matin et rentre à la tombée de la nuit. Qu'est-ce qu'il fait ? Il parcourt le pays dans tous les sens, il fouille les bois...

— Pour chercher la Bête ?

— C'est ça, mon Guillaume. À sa façon, c'est un solitaire, le père. La Bête, il croit la comprendre. L'autre jour, il a failli la débusquer. Alors, il s'obstine. Il avale des lieues et des lieues. Il essaie de deviner son itinéraire. Ce coin du Gévaudan, il le connaît comme le fond de sa poche. Il le sillonne de long en large. Un jour, il va jusqu'à la Margeride. Un autre, il remonte le cours de la Truyère. Le père, c'est peut-être un têtu, un fichu caractère, sûrement, même, mais, comme disait le pauvre colporteur, ce n'est pas un méchant homme. Il fait à sa manière.

— Et pour les gardes-chasses ?

— Voilà comment ça s'est passé. Avant-hier, il est allé jusqu'à Baraque-de-Bouviers. Oui. Sur la Margeride. Ça fait une trotte. Il a vu des traces. Il les a suivies jusqu'à Sainte-Eulalie. Au bord de l'eau, plus rien.

Alors, comme il était tard, il est rentré. Le soir, on a parlé. Vous, vous dormiez depuis longtemps. Je lui ai demandé s'il participerait à la battue du lendemain, celle de Fraissinet-Chazelais. Oh ! je connaissais la réponse... Il m'a dit qu'il irait pour voir comment ces messieurs de Versailles se comportaient. Oui il a dit ça, mot pour mot, et il y avait malice dans sa voix.

« Hier, à la nuit, il est rentré fourbu. Souvenez-vous. Il n'a pas parlé. Le père, il ne faut pas l'obliger. Si on cherche à le forcer, ça ne donne rien. Au contraire. Il s'enfonce dans son silence... On a veillé tard. Toi, Guillaume, tu ronflais fort. Et toi, Marie, tu ne faisais pas semblant de dormir. Ta ta ta ! J'ai été petite, moi aussi. Les paupières, ça n'est pas en les baissant qu'on devient sourde ! Parfois, on ferme les yeux pour faire croire qu'on sommeille, mais on est tout oreilles. La différence, c'est dans la respiration qu'on la perçoit. C'est comme ça qu'on reconnaît le bon sommeil du faux. Il n'est pas vrai, ce mensonge ? »

Une rougeur monta au front et aux joues de Marie, mais le feu n'y était pour rien.

« Oui, on est restés tard à veiller. Et puis, le père a parlé. Il était allé traîner près du bois de Montchabrier. Pour voir. À un moment, il a entendu des bruits. Des chevaux venaient, montés par des gardes-chasses. L'un des deux hommes a demandé au père comment il s'appelait, et s'il était de la battue. Il s'est rebiffé tout de suite : "D'abord, est-ce que je vous tutoie, moi ? Non, je ne suis pas de la battue. Je chasse à ma façon. Jean Chastel. Voilà mon prénom et mon nom. Ça vous suffit ?" Eux, ils n'étaient pas contents de tomber sur un récalcitrant. "Ah ! tu n'es pas de la battue. Alors, explique-toi ! Des armes à feu, on en a donné à quelques-uns qui battent. Pas à tous. Et toi, tu ne bats pas et tu tiens un fusil. – Ce fusil me vient de mon père, qu'il répond. – Ça, c'est ce que tu dis. Peut-être que tu l'as volé. On verra plus tard. La langue des gens comme toi se délie quand on leur chauffe la plante des pieds. En attendant, tu fais partie de la battue. Marche devant nous, par cette trouée. Ouvre-nous le passage." Le père a dit qu'il recevait des ordres de qui il voulait bien. Alors, un garde-chasse a sorti une lame de son fourreau. "Si je te pique les fesses avec cette pointe, sûr que tu vas avancer. – Pour ça, a répondu le père, il faudrait que je vous montre mon derrière. Mais je n'ai pas pour habitude de tourner le dos. Je regarde les gens en face, moi. – Donc, tu refuses ? – Je n'irai pas par cette trouée. Vous pouvez me menacer." Le garde-chasse a eu un mouvement avec sa lame, puis il l'a remise dans son fourreau. "Nous ferons un rapport à notre commandant, Antoine de Beauterne. Tu n'es qu'un drôle, et les drôles, nous savons les mater. Dis-nous au moins si l'on peut s'engager dans cette trouée, en attendant que ton compte soit réglé." Le père a répondu au garde-chasse qu'il fasse son expérience lui-même, et qu'il verrait bien s'il pouvait y aller ou pas. L'autre était furieux. "Tu le regretteras !" a-t-il lancé, avant de pousser son cheval vers le passage.

— Père savait qu'il allait s'embourber ?

— Qu'est-ce que tu crois ? Mais il n'y avait pas danger, sauf celui de se salir jusqu'à la ceinture. Le père voulait donner une leçon à sa façon. Et, même s'il y avait eu danger... »

Le visage de Marie s'était empourpré, mais, encore une fois, le feu n'y était pour rien. Non. Tout simplement, la colère et l'indignation donnaient signe de vie.

« La leçon, le garde-chasse l'avait méritée, non ? Alors ?

— Et puis, c'est comme les autres ont dit tout à l'heure. L'homme à l'épée s'est enfoncé. Son cheval est sorti à grand-peine de l'endroit. Lui, il est revenu furieux, sali comme il l'était jusqu'à la ceinture. Le père riait aux larmes. Mais ensuite, ça ne s'est pas passé comme il a été dit. Après avoir repris pied, le garde-chasse a de nouveau sorti sa lame. Il s'est élancé en criant : "Ça, tu vas me le payer tout de suite." Alors, se voyant menacé, le père a levé son fusil. Il a mis le garde-chasse en joue. Pour qu'il devienne plus raisonnable. C'est tout. Les gardes sont partis après avoir injurié le père. Avant de s'en aller, ils lui ont promis le pire. La vérité, c'est le père qui l'a dite. Eux, ils l'ont chargé, ils ont dit des faussetés. Pour se venger. Pour qu'on l'arrête. Le père n'a voulu tuer personne. La peau qu'il veut, c'est celle de la Bête.

— Qu'est-ce qui va arriver ? demanda Guillaume.

— Je ne sais pas. Ce que je sais, c'est que le père aura beau jurer qu'il dit vrai, on ne le croira pas. Contre le rapport des gardes, la parole du père ne vaut rien.

— Si père n'avait rien fait, dit Guillaume, il n'aurait pas été en prison ?

— Il n'a rien fait, dit Marie. Rien. S'il ne s'était pas défendu, il serait peut-être blessé. Peut-être même que... »

Elle regarda sa mère qui approuva de la tête. Puis

contempla le feu. La bûche que son père avait jetée était presque consumée. Elle se leva, alla vers le mur de l'étable, dans le coin où se trouvait rangé le bois, prit une bûche et revint la placer sur les chenets. Afin que le feu que Jean Chastel avait entretenu ne s'éteigne pas.

Voraces, les flammes léchèrent le morceau de bois, formant des griffes rouges, bientôt violentes, jaunes, plus éclatantes, parfois bleutées. Insatiable était ce feu dévorant qui rongeait ses nourritures jusqu'à les réduire en poussières noires, grises...

Et soudain, devant ce brasier qui lui brûlait les joues et le front, Marie songea à la Bête. Elle se saisit du bâton à remuer les cendres, perça rageusement le feu, provoquant une gerbe d'étincelles. À cette heure, son père était dans le donjon de Saint-Chély-d'Apcher, le garde-chasse buvait du vin chez Grassal, et la Bête rôdait à quelques pas ou à plusieurs lieues, insaisissable, féroce. Et Marie la prudente, Marie de toutes les précautions, ressentit l'impérieuse envie de se trouver face au monstre, d'enfoncer dans le corps de la Bête cette baïonnette que Jean Chastel lui avait fabriquée.

9

Versailles en Gévaudan

Vous avez menti effrontément, gardes-chasses Pierre Rinchard et René Dumoulin. Vous avez tout fait pour que vos paroles se transforment en procès-verbal accusateur.

Que craignez-vous ? Vos seigneurs et maîtres ne sont-ils pas ducs d'Orléans et de Pontièvre ? Ceux-ci n'ont-ils pas proposé vos services, le temps d'une traque, à Sa Majesté ? Le roi en personne ne vous a-t-il pas placés sous les ordres de son lieutenant des chasses et porte-arquebuse, Antoine de Beauterne, Grand Louvetier ?

Vous avez travesti la vérité sans l'ombre d'un remords. Et les dires d'un Chastel ne pèseront rien lorsque ces messieurs les juges de Saugues examineront l'affaire.

Quoi ! eu égard à votre condition de gardes-chasses, ayant revêtu une prestigieuse tenue, appartenant chacun à la maison d'un prince de sang, ne vous sentez-vous pas, en Gévaudan, comme hobereau sur ses terres ? Des gens de votre espèce ne se permettent-ils pas de dévaster poulaillers et greniers, d'ouvrir huches et resserres, de molester quelque peu leur hôte et son épouse – puisqu'il faut bien, loin de Versailles ou de Saint-Germain-en-Laye, loger quelque part ?

Quoi, encore ! N'êtes-vous pas venus en Gévaudan, gardes-chasses Pierre Rinchard et René Dumoulin, pour secourir cette province, la débarrasser de la Bête féroce ? Et voici qu'un drôle – coquin parmi de mauvais sujets – se rebiffe pour tout remerciement, et vous met en joue ! Ne méritait-il pas qu'on lui brûlât un peu le cuir de la plante des pieds, qu'on lui piquât la peau – histoire de voir la couleur de son sang ? C'est cela, oui : cette lame que l'un de vous sortit du fourreau, vous êtes deux à regretter qu'elle ait été rengainée.

Laissez paraître votre mépris, joignez les menaces à l'insulte, faites que vos chevaux se cabrent face aux paysans et partez d'un rire sonore pour les avoir effarouchés à si bon compte ! Volez ou dévastez, comportez-vous en pays conquis, mais, gardes-chasses, prenez garde à vous-mêmes...

Savez-vous que les plus hautes autorités tiennent

cette région pour hostile, rebelle ? Ne vous a-t-on pas prévenus ? Et si l'on vous avertit, avez-vous la mémoire courte ?

Si l'on vous parle de 1670, allez-vous vous moquer, prétendre que le père de votre père n'était pas encore né ? Certes. Écoutez, pourtant.

Cette année-là, l'hiver a été rude en Vivarais. Le prix du charbon de terre a triplé, les maréchaux de forge vendent pioches et faucilles deux fois trop cher. Le peuple de la campagne a faim. Et voici que naît une panique : les colporteurs racontent que les autorités vont introduire la capitation – l'impôt personnel – qui viendra s'ajouter à la taille. Fureur des paysans. Une foule de laboureurs et de manœuvres s'assemble devant la maison d'Antoine du Roure, un riche notable ; il lui est demandé de prendre la tête de la révolte. Comme il refuse, le berger Laroze le gifle et le traite de lâche. Alors, Roure se résigne : il commandera aux rebelles.

« Vive le Roy ! Haro sur les élus ! Mort aux sangsues du peuple ! » Roure joint sa voix à celles des révoltés, et, dans une lettre datée du 20 juin, propose « d'exterminer les élus qui nous font mourir de faim ». Le Vivarais tremble.

Après trois mois de troubles, de luttes et de faux espoirs, les partisans de Roure – pauvres diables, laboureurs de granges, sériciculteurs et nombre de bons paysans – sont défaits à Lavilledieu. Une centaine d'entre eux se trouvent tués dans la charge, et Roure périra sur la roue, à Montpellier, le 29 octobre.

Vous êtes soulagés, gardes-chasses Pierre Rinchard et René Dumoulin ? Cette révolte, somme toute, a été matée et justice rendue – dans un bain de sang, mais c'était celui des mutins et de leur chef.

Alors, écoutez encore. Sachez pourquoi les plus hautes autorités tiennent cette région pour hostile, rebelle.

Si l'on vous parle de la révolte des Camisards, sourirez-vous ? Certes, votre père n'était pas né, mais son père vivait.

Cette fois, si les insurgés prennent les armes, ce n'est point à cause de la cherté du pain, d'une disette, ou pour chasser le gabeleur. Non. Ceux-là sont protestants, et c'est tout un peuple qui se mobilise pour défendre sa foi.

On a limité le nombre de leurs écoles, on les a surchargés d'impôts, tandis qu'on permettait aux gens qui se convertissaient de ne point payer leurs dettes durant trois ans.

On a supprimé leurs établissements charitables afin de contraindre pauvres et malades à venir dans les hospices catholiques.

Le Roi-Soleil a engagé cette guerre sourde.

Et puis, comme le nombre des abjurations reste minime, le marquis de Louvois envoie des missionnaires bottés, cruels dragons. Ces soldats logent chez les protestants avec licence d'opérer comme en pays conquis. Les dragons pillent, violent, torturent, et l'on cède à ces bourreaux.

Alors, croyant à tort qu'il ne reste plus qu'une poignée d'hérétiques, le Roi-Soleil signe l'édit portant révocation de l'édit de Nantes. Interdiction du culte... Démolition des temples. Les dragonnades s'amplifient. On massacre, on persécute, on condamne ces obstinés religionnaires aux galères, on les roue vifs, on les mène à la potence.

Étonnez-vous, gardes-chasses, que des gens empoignent sabre et fusil, faux, perche et fourche. Ils sont paysans, artisans, et leurs enfants – certains tout juste âgés de douze ans – prennent pierres et fronde, et les accompagnent.

Le théâtre de la guerre ? La montagne cévenole, mais aussi le Vivarais, le Bas-Languedoc et le Dauphiné. De 1702 à 1704, les révoltés vont tenir en échec des dizaines de milliers de soldats réguliers, à l'aise dans leur pays comme poissons dans l'eau, soutenus par toute une population qui leur fournit nourriture et vêtements, informés par les bergers, dont les troupeaux se trouvent sur les crêtes, des déplacements des troupes ennemies.

Ils n'ont que deux chemises, l'une qu'ils portent, et l'autre qu'ils mettent dans leur bissac. Avec ces camises, comme on dit en Languedoc, ils vont se faire un nom ; ils deviennent Camisards, fiers de l'être, et ce terme se répand partout, avec une vitesse incroyable.

Les autorités s'alarment, les postes ne sont plus sûres, des détachements entiers, en montagne mais également en plaine, sont taillés en pièces. Une veille de Noël, chantant des psaumes, soixante hommes misérables et inexpérimentés mettent en déroute sept cents soldats de la garnison d'Alès. Le chef de ces gueux ? Jean Cavalier, jeune garçon boulanger, fils d'un paysan qui commença par lui faire garder des cochons ! Oui, gardes-chasses ! Ce cavalier et d'autres chefs, à la tête d'insurgés ne craignant point pour leur vie, vont mener une guerre d'audace et de ruse qui mobilisera de nombreuses troupes royales et deux maréchaux de France ! Pas moins.

Deux années de résistance, de combats acharnés parce que, par ses dragons, son clergé et ses bourreaux, le Roi-Soleil voulut forcer tout son peuple protestant à abjurer et à embrasser le papisme. Oui ! une région entière fut à feu et à sang... Et si, de part et d'autre, des atrocités furent commises, qui engagea les hostilités, la sourde guerre ? Ce « non », les Camisards le prononcèrent parce qu'il n'était plus possible de manifester une résistance non violente... Les autorités, voyant en cette attitude tiédeur et timidité, n'opprimaient-elles pas davantage ces gens à qui on avait ravi le repos et la liberté de conscience ? Et Monseigneur l'évêque de Saint-Pons remontra que c'était la rigueur qu'on exerçait envers les Huguenots qui avait causé cette révolte.

Comprenez-vous, gardes-chasses, pourquoi les plus

hautes autorités tiennent cette région pour hostile, rebelle ? Comprenez-vous que de servir des princes du sang ne vous protège en rien, dans cette région, même si vous dépendez de l'autorité du lieutenant des chasses et porte-arquebuse du roi, Antoine de Beauterne, Grand Louvetier ?

Vous n'êtes pas seulement à l'origine d'un crime – un homme est injustement emprisonné ; vous avez commis une faute. Une lourde faute.

Méfiez-vous, gardes-chasses, gens de Versailles et de Saint-Germain-en-Laye en Gévaudan.

10

Le combat

Samedi 15 décembre 1764. 8 heures...

« Tout droit la Charlotte, dit Jeanne. Tout droit. Tu ne vas pas en faire à ta tête parce que les chiens ne sont pas là ce matin, non ? Tout droit. Allez ! »

En venant conduire Jeanne, son père avait appris la nouvelle. Anne Chastel avait tout raconté : les faits, l'arrivée des gardes-chasses, l'incarcération de Jean. Alors, laissant les bêtes, Levallet était reparti avec les chiens. Pour aller marcher dans la montagne de la Margeride, et voir, du côté de Sainte-Eulalie, s'il pouvait retrouver les traces suivies, puis perdues par Chastel. Pour l'emprisonnement de son ami, il avait hoché la tête, serré les mâchoires, marmonné qu'il ne fallait pas laisser les choses comme ça, qu'on se devait d'agir. Il n'en avait pas dit davantage.

Cette fois, c'était le gros de l'hiver. Le froid avait saisi le Gévaudan de sa poigne glacée. À belles dents, il mordait impitoyablement les visages. Il s'infiltrait dans les vêtements, les traversait en un rien de temps. Il était déjà sur la peau, la pénétrait, atteignait les os comme s'ils étaient à nu. Et puis aussi, ce vent qui s'était mis de la partie, qui balayait le Gévaudan.

Les vaches rousses allaient flanc contre flanc, mêlant leur épaisse toison d'hiver. La Charlotte avait vite abdiqué : elle était rentrée dans le rang. La Cagneuse ne voulait pas être la dernière, pour une fois. Elle avait forcé deux bêtes à s'écarter, et s'était placée au milieu d'elles.

Anne Chastel, Guillaume et Mathilde marchaient devant le troupeau. Derrière les bêtes étaient les petits Portefaix. Jacques, douze ans ; Madeleine, dix ans, et le Jeannot, celui qui avait vu la Bête, le rescapé, huit ans. Il ne s'était pas bien remis de son émotion, le Jeannot ; son regard était souvent fixe ; il fallait prononcer deux fois son nom pour qu'il revînt en Gévaudan.

Tout de suite après, entre Jeanne et André, venait Marie.

« Qu'est-ce qu'ils peuvent lui faire ? demanda Jeanne. Ils vont le garder combien de temps ?

— Est-ce que je sais ? Ce que je sais, c'est que le garde-chasse a menti. Ça ne s'est pas passé comme l'autre a lu sur son papier. Il a voulu obliger le père, il l'a menacé. Il a sorti l'épée. Ça n'est pas juste.

— Peut-être qu'il peut s'échapper ?

— Et comment ? dit André. Il y a des barreaux à la fenêtre des cellules du donjon. Et puis même... Ça servirait à quoi ? Il serait comme un traqué. Il se cacherait où ? Sur la montagne de la Margeride ? Avec le froid, il ne vivrait pas trois jours...

— Le garde-chasse a menti, dit encore Marie.

— Ton père n'a qu'à le dire.

— La parole d'un paysan ne vaut pas, dit André. Et puis son père était seul. Il n'y a même pas de témoin.

— Si. L'autre garde-chasse. Ils étaient deux.

— Faut pas compter là-dessus. L'autre répétera la même chose. Tiens, c'est comme quand on crie dans la montagne. L'écho, qu'est-ce que ça dit d'autre que ce qu'on a dit ? »

Ils se turent. Le pacage était en vue.

« Peut-être qu'il y a à faire, dit André. Mon père raconte qu'autrefois les paysans se sont mis en colère. Il le sait par le père de son père. Le bruit avait couru qu'on allait mettre un impôt sur les chapeaux et les naissances. Alors les gens se sont révoltés. Les soldats du roi sont venus pour rétablir l'ordre. On a envoyé des centaines de paysans à la potence et aux galères. Leur chef, on l'a coupé en cinq morceaux qu'on a exposés aux portes d'une ville.

— Alors, dit Jeanne, tu vois bien...

— Oui, mais là, c'était toute une province qui s'était révoltée. À côté, l'histoire du père de Marie, ça n'est pas une grosse affaire. »

Marie regarda André. Elle comprenait ce qu'il voulait dire. Avec ses mots, en plein hiver, dans ce pays du Gévaudan où le froid régnait sans partage, au sortir de cette nuit durant laquelle elle et sa mère avaient peu dormi, André avait fait apparaître comme une lueur, une petite lueur d'espoir, et cela mit du baume au cœur de Marie.

Le pacage était presque blanc. D'une neige dure. Chastel avait raison. Il ne restait plus grand-chose à brouter. Anne vint rejoindre Marie, Jeanne et André.

« On ne va pas rester là toute la journée. On redescendra sur le coup de midi.

— Mais les bêtes ?

— Toi, Jeanne, tu viendras chez nous. Tu resteras jusqu'au soir. Tu attendras ton père. Les Portefaix, eux, rentreront directement à Chabannes. »

Elle se tut, puis :

« Écoutez un peu. Écoutez...

— C'est la Sabrande, dit Jeanne. Elle râle parce qu'il n'y a pas assez d'herbe. Hier, c'était la même chose. Elle est de méchante humeur. Elle le fait savoir, tiens.

— Alors, on fera comme j'ai dit. Et puis... »

Anne s'était interrompue. Elle regardait du côté du gros du troupeau.

« Et la Doucette, elle a mauvais caractère aussi ?

— Ça non, dit Marie. Ça n'est pas la Sabrande.

— Elle est comme un agneau, poursuivit Jeanne. Sans ça, on l'aurait appelée autrement. Celle au caractère de cochon, c'est la Chamaille. Jamais contente. Même quand l'herbe est haute. Il faut qu'elle aille gêner les autres et paître à leur place. »

La Sabrande mugissait toujours. Elle secouait sa lourde tête de vache rousse, battant ses flancs de sa queue, comme en été lorsque des milliers et des milliers de mouches harcèlent le bétail. À son tour, la Charlotte y alla de son meuglement, tendant le cou, meuglant fort. Alors, la Cagneuse meugla aussi, et puis toutes.

« Vite ! dit Anne. Vite ! »

Elle prit Marie et Jeanne par la main, courut vers les bêtes, appelant Jacques et Madeleine, alertant Mathilde. Les vaches qui s'étaient quelque peu dispersées afin de chercher l'herbe revenaient en trottant vers la Sabrande et la Charlotte, cherchant instinctivement à reconstituer le troupeau.

Soudain, jaillie d'on ne sait où, la Bête fut dans le pâturage, allant par bonds, cherchant à satisfaire sa faim et sa cruauté. Marie la vit sauter à la gorge du Jeannot, là, tout près ; elle glissa dans sa course folle sur la neige gelée, faillit s'étaler de tout son long, se redressa. Les vaches se trouvaient, quoi, à quelques pas, meuglant, tête baissée, cornes prêtes, longues, pointues. Marie les voyait, pensa que le salut était au milieu d'elles. Mais il y avait la Bête sur le Jeannot.

Anne lui reprit la main, lui redonna de l'élan pour aller vers le bétail.

« Vite, Marie ! Vite ! »

Les vaches faisaient front, le museau dans la neige. Marie fut enfin dans cette forteresse vivante, le cœur battant, regarda du côté du Jeannot.

André, Jacques et Mathilde Portefaix bataillaient ferme, tentaient de piquer la peau de la Bête avec leur baïonnette, sans arriver à lui percer le cuir.

Puis, tout de même, elle lâcha prise, emportant à dix pas une partie d'une joue du Jeannot.

Elle l'avala sans la mâcher, jetant des regards furieux sur les Portefaix qui emmenaient l'enfant, revint à la charge, extrêmement rapide, féroce foudre, animal de feu.

D'un saut prodigieux, elle fut sur l'échine de la Doucette, la mordit. La vache partit au galop, une Colère de Dieu sur le dos, beuglant de douleur, continuant sa course alors que la Bête avait sauté pour se retrouver sur le sol gelé et revenir en un éclair vers le lieu du combat.

Elle attaqua de nouveau, au levant, au couchant, partout à la fois, se multipliant, assaillant la forteresse, la défaisant peu à peu.

Que lui importaient les vaches ! Ce qu'elle cherchait, c'était la chair humaine. Elle y avait goûté tant de fois, ouvert tant de fois des poitrines pour dévorer les poumons et le cœur, taillé tant de fois dans des ventres afin de fouiller dans les entrailles et manger intestins et foie, rate et estomac.

Avait-elle seulement faim, cette Colère ? Ou mordait-elle par plaisir et cruauté ? Certains l'avaient entendue ricaner pendant ses festins. Oui, ricaner.

La Charlotte poussa une longue plainte, détala, aussitôt suivie de la Choune, une vache des Chastel. Bientôt, elles s'éparpilleraient toutes, laissant libre le champ de neige dure où étaient les Portefaix et Jeanne, Marie, Anne et Guillaume.

Marie voyait la gueule énorme s'ouvrir et se refermer, les oreilles en pointe, le sombre poitrail, la raie noire sur le dos, la longue queue touffue. Elle serrait l'arme – cette baïonnette que lui avait confectionnée son père – mais elle restait là, terrorisée, incapable du moindre mouvement.

« Madeleine ! »

Mathilde Portefaix avait crié trop tard. L'enfant courait sur ses petites jambes, tentant de s'échapper du cercle infernal, courait.

À vingt pas, la Bête la rejoignit, la saisit au bras, roula avec elle afin de la déséquilibrer, boula un instant sur le sol gelé.

Alors, André s'élança en hurlant : « Lâche, la Bête ! Lâche ! » Il allait pour harceler l'animal qui, après s'être redressé, avait posé ses pattes de devant sur le corps de Madeleine.

Marie vit les yeux du monstre étinceler, tandis qu'une phrase d'André traversait sa tête : « On aurait dit qu'elle me donnait rendez-vous... » Cette lueur dans les yeux de la Colère, c'était quoi ? Une fureur joyeuse ? Une méchante satisfaction ?

Délaissant sa faible proie, la Bête fit face au garçon, sautant, cherchant la gorge. Lui, il se défendait comme il le pouvait, s'écartant brusquement, se ramassant, se détendant.

« Venez ! criait-il. Venez à la petite. »

À côté de Marie, Mathilde tenait le Jeannot blessé. La serpe à la main, Anne était devant Jacques Portefaix et Guillaume, prête à les protéger si la Bête, changeant de tactique, revenait au milieu du pâturage.

Là-bas, se démenant comme un beau diable, André faisait front, esquivait, injuriait la Colère, exécutait de fantastiques cabrioles suivies d'incroyables pirouettes, retombait sur ses sabots. Comme ce dimanche après-midi, chez Grassal, lorsqu'il avait été sacré roi. Mais, aujourd'hui était un samedi infernal, une fête sombre.

Il occupait toujours la Bête. « Venez ! Venez à la petite ! »

Restaient Jeanne et Marie. Jeanne s'avança, baïonnette à la main, la peur au ventre. S'avança.

« Prends la Madeleine ! Prends-la ! Je me charge de la Bête. Je m'en charge. Prends la Madeleine ! »

Il combattait le monstre à cinq pas de l'enfant, le harcelant, accaparant sa fureur, le détournant de l'enfant. Jeanne s'approcha, prit la petite par les aisselles, voulut l'aider à se relever. Peine perdue. Alors, elle tira le corps, accroupie, marchant à reculons, surveillant les mouvements de la Bête, tirant le corps vers le cercle brisé au milieu du pacage, cercle occupé par ses compagnons d'infortune et quelques vaches demeurées là.

Chez Grassal, le parquet était fait de planches grossièrement assemblées, et des milliers de pas les avaient martelées. Ici, dans ce pâturage, le sol était neuf, blanc, gelé, glissant. L'un des sabots d'André ripa ; le garçon chuta, se retrouva sur le dos.

Maintenant, il ruait pour tenter de maintenir à distance les terribles mâchoires, essayant de blesser la Bête quand elle attaquait du côté de la tête. André gisait, dansant une drôle de danse, couché, mal en point.

Alors, Marie la prudente s'élança, serrant ce bâton qu'avait tenu son père. Oui, la Marie de toutes les précautions alla vers la Colère. Comme celui-là qui, ayant peur du feu, traverse malgré tout le brasier. Comme cette autre qui, prise de vertige, se penche quand même au-dessus du précipice.

La Bête tournait toujours, furibonde, acharnée, irritée de ce que quelqu'un à terre trouve encore les ressources de se défendre.

« Frappe à la tête ! cria André. Frappe à la tête et aux yeux ! Frappe, Marie ! »

Plusieurs fois, Marie atteignit la gueule avec le bâton que prolongeait une lame, cette énorme gueule aux dents pointues, coupantes. Une rage l'avait reprise, une rage née de la veille au soir. Hier, devant la cheminée, elle avait provoqué une gerbe d'étincelles avec le bâton à remuer les cendres. Ce matin, c'était d'un autre feu dont il était question, féroce, auteur de tant et tant de carnages, grand amateur de tueries, feu animal.

La Bête se dressa sur ses pattes de derrière, voulut abîmer cet adversaire qui arrivait en renfort, reçut la baïonnette de Marie quelque part dans le poitrail, se dégagea en poussant une plainte, légèrement blessée mais blessée tout de même.

Marie marqua un temps d'arrêt, tandis qu'André, tout en se relevant, criait :

« Mort à la Bête ! Mort ! Frappe encore, Marie ! À la gueule ! Aux yeux ! Frappe ! »

Mais quoi ! Inexplicablement, la rage de Marie était retombée. Fixement, elle regardait le bout de sa baïonnette, la lame rougie par le sang, immobile dans ce désert de neige, statue de chair et d'os.

« Mort à la Bête ! Mort ! »

André Portefaix s'était remis à batailler durement. Il criait pour que l'on vienne. Il avait repris l'initiative, dansant à nouveau une drôle de danse, sans autre musique que sa respiration haletante et le souffle rauque de la Bête.

Marie vit la Colère reculer. Il lui sembla qu'elle s'éloignait, poursuivie par André et par d'autres qui accouraient, le petit Jacques, peut-être, Jeanne...

Elle eut comme un étourdissement, sentit ses jambes mollir, se mit à trembler et à claquer des dents.

« Marie ! Marie ! »

Une voix aimée avait prononcé son nom. Alors, Marie se laissa glisser, et sa mère la reçut dans ses bras.

Samedi 15 décembre 1764, 11 heures...

Tout à l'heure, un groupe de femmes et d'enfants montaient vers le pâturage, poussant un troupeau d'une quinzaine de têtes afin que des vaches rousses

prennent au Gévaudan ses dernières herbes de l'année.

Tout à l'heure, la Cagneuse forçait deux autres à s'écarter, se plaçait entre elles pour un peu de chaleur, frottant sa toison d'hiver contre des pelages fournis. La Charlotte rentrait dans le rang.

Tout à l'heure, Anne Chastel, Guillaume et Mathilde marchaient devant les bêtes. Derrière étaient les petits Portefaix. Jacques, douze ans, Madeleine, dix ans, et le Jeannot, celui qui avait vu la Bête, le rescapé, huit ans. Puis, tout de suite après, allait Marie entre Jeanne et André.

Trois heures s'étaient écoulées pendant lesquelles la Colère s'était manifestée. Et de quelle manière ?

Le troupeau s'était réduit à une demi-douzaine de têtes : la Sabrande, la Charlotte, et quatre vaches. La Doucette, la Cagneuse, la Choune et les autres avaient décampé. Il faudrait que les hommes les recherchent. C'était leur travail. Avec les clochettes que les bêtes portaient accrochées au cou, ça ne serait pas trop difficile. On les repérerait de loin, dans le brouillard ou la nuit.

S'il n'y avait que cela, que les vaches à retrouver...

Dans les bras de Mathilde Portefaix, Jeannot, visage en sang, à jamais défiguré. Il ne pleure même pas. Jeannot est vivant mais son esprit ne reviendra plus en Gévaudan. Son esprit ? Il s'était déjà évanoui en partie, lorsque le garçon avait vu la Bête poser ses pattes sur le rebord de la fenêtre...

Avec un morceau de chair, la Colère a emmené tout ce qui restait de raison au Jeannot.

Lorsque Mathilde n'en peut plus, c'est Anne qui tient l'enfant. Oh ! jamais très longtemps. Dès que ses forces reviennent un peu, Mathilde reprend le Jeannot.

Jacques et Guillaume vont entre elles, craintifs, regardant derrière eux, bougeant sans cesse la tête, observant le levant, le couchant. Qui a vu la Bête s'en souviendra toute sa vie...

Jeanne et Marie sont de chaque côté d'André qui porte Madeleine sur son épaule droite. La Madeleine, le monstre la prit au bras, boula avec elle sur le sol gelé. D'un méchant coup de gueule, il broya l'os du coude, sectionna l'avant-bras avant de se tourner vers André à qui il avait donné, des yeux, rendez-vous.

Marie lève la tête vers André ; puis prend la main de Madeleine qui geint, qui répète et répète : « J'ai mal au bout de mon bras. »

André, lui, va tête haute, ses yeux brillants fixés sur la montagne de la Margeride, dans la direction de Sainte-Eulalie. Là où Levallet cherche en ce moment avec ses mâtins... Oh ! comme les mâchoires d'André sont serrées. Un mince fil ne passerait pas entre les dents...

La colère, la vie, la passion donnent de la brillance aux yeux. Les larmes aussi. André pleure silencieusement, avec cette petite qui geint dans son dos, à cause d'une lutte sans merci, épuisé par un combat qui, bien des fois, faillit tourner à son désavantage.

Ce qui fait de la peine à André touche profondément Marie. Alors, elle tourne son bâton, voit la lame de la baïonnette rougie du sang de la Bête. Si seulement elle avait enfoncé davantage le fer, crevé un œil, plongé l'arme dans la gorge, trouvé la place du cœur dans le poitrail. Si seulement...

Elle n'a pas parlé. Elle a pensé. Juste pensé. Pourtant, André lui répond :

« Il ne faut pas regretter. C'est déjà quelque chose

que tu l'aies touchée. Jusqu'ici, tous les couteaux ont glissé sur sa peau. Comme s'ils rencontraient une cuirasse. Moi, j'ai essayé vingt fois de l'atteindre, de la percer. J'ai essayé. Toi, tu l'as eue. On a couru. Elle a pris la fuite.

— Elle va continuer ses carnages.

— Peut-être. Je ne sais pas. En tout cas, ça va redonner du courage aux gens.

— Du courage ? Elle est seulement blessée, et l'on était neuf contre elle. Maintenant que c'est le gros de l'hiver, les gens vont rester chez eux. Mais elle gagnera encore.

— Ce matin, elle a perdu. Oh ! pas à cause des quelques gouttes de sang qu'elle a laissées dans la neige. Elle reste forte. Mais quand les gens verront ta baïonnette, quand ils sauront qu'elle est rouge du sang de la Bête, alors ils se diront que la Colère de Dieu n'est pas invincible. Tu comprends ? Si elle a saigné un peu, elle peut saigner plus, se vider complètement. Voilà. »

Ces mots-là, c'étaient comme ceux de tout à l'heure, quand André avait parlé de l'emprisonnement de Jean Chastel. Ils redonnaient un brin de chaleur.

André tenait les jambes de Madeleine coincées entre son bras droit replié et sa poitrine. L'un des pieds de l'enfant était sans sabot. Marie venait seulement de s'en apercevoir.

11

La colère des paysans

Que le Gévaudan respire enfin ! Ayant appris que des loups causaient maints ravages dans les bois des Dames de l'abbaye royale des Chazes, Antoine de Beauterne a envoyé les sieurs Pélissier et Lacour, gardes-chasses, ainsi que Lafeuille, valet des limiers de la louveterie, afin de reconnaître l'endroit. Ces trois hommes ont vu d'assez près un énorme loup qu'ils ont détourné dans les bois de Pommier.

Aussitôt averti, Antoine de Beauterne s'est transporté sur les lieux avec tous ses gardes-chasses, et quarante tireurs de la ville de Langeac, y parvenant le samedi 15 décembre...

Oui ! paysans et paysannes du Gévaudan. À neuf heures, venant par un sentier, l'énorme animal a été vu par Antoine de Beauterne, présentant le côté droit et tournant la tête pour regarder le Grand Louvetier.

Immédiatement, le porte-arquebuse du roi a épaulé sa canardière et tiré. Le coup a fait reculer de deux pas le lieutenant des chasses royales, et le loup est tombé raide mort.

Haut de trente-deux pouces, long de cinq pieds sept pouces et demi, pesant environ cent trente livres, l'animal a paru des plus extraordinaires.

Pour Antoine de Beauterne, ce ne peut être que la Bête, même si le signalement ne correspond pas aux descriptions des rares témoins et rescapés. Les pattes antérieures ne sont pas plus courtes que les pattes de derrière ? Il n'a pas de raie noire sur le dos ? La queue n'est ni très longue ni trop touffue ? Qu'importe ! Cet animal ne peut être que la Bête.

Il sera donc la Bête du Gévaudan tuée dans la province d'Auvergne.

Qui douterait de la parole d'un homme apprécié du roi, célèbre à la Cour ? N'a-t-il pas déjà tué douze cents loups ? Que pèseraient, sur l'un des plateaux de la balance, les dires de Mathilde Portefaix, d'Anne Chastel, de leurs filles et garçons, de Jeanne Levallet ?

Le lieutenant des chasses du roi est affirmatif, et ne souffre pas la contradiction. Certes, il s'est engagé sur l'honneur à conduire lui-même au souverain le vainqueur du monstre, mais, puisqu'il l'a abattu en personne, le mieux est de quitter immédiatement cette froide région, de retourner à Versailles avec armes et bagages. Et, bien sûr, la dépouille de l'extraordinaire animal.

Au château, Antoine de Beauterne sera accueilli comme il se doit, reçu tel le Libérateur du Gévaudan, deviendra grand-croix de l'ordre de Saint-Louis ; il recevra les trois mille livres promises par l'évêque de Mende et les états du Languedoc – bien que l'animal ait été tué en Auvergne – ainsi que six mille livres des mains du roi.

Quoi ! Est-ce tout ? Antoine de Beauterne, gens du Gévaudan, n'a-t-il pas rendu un immense service au royaume de France ? Il touchera mille livres de pension, récompense annuelle de sa bravoure, obtiendra pour son fils une compagnie de cavalerie, et empochera deux cent mille livres, oui ! paysans du Gévaudan ! deux cent mille livres en montrant l'animal empaillé au bon peuple de Paris avide de frissons...

Au matin, lorsque tout est froid dans les maisons de pierre du Gévaudan, que les gens se lèvent, le feu paraît mort. Pourtant, il couve sous la cendre. Il suffit d'aller chercher une bûche, de la poser sur les chenets, de gonfler ses joues et de souffler très fort. Alors, la cendre rougeoie, le feu sort de la nuit, lèche le bois d'une langue gourmande, reprend goût à cette nourriture. Mis en appétit, il ouvre sa gueule, sort ses griffes, s'allonge et se redresse, entoure le rondin.

Parfois, prise au piège, une fourmi qui était sur le bois va au bout de la bûche, tente d'échapper à l'infer-

nale chaleur. Vainement. En bas sont les braises rouges, brûlantes. La fourmi va et vient sur la bûche, tandis que se rétrécit la surface sur laquelle elle peut progresser, s'affole. Tout à l'heure, sans même s'en apercevoir, le feu engloutira cette miette animale, n'en fera qu'une bouchée avec un large morceau d'écorce.

Il ne faut pas se fier au feu qui dort...

Après avoir appris que Jean Chastel avait été emprisonné, Levallet a prévenu François Portefaix qui l'a dit à Fournier qui l'a répété à Combret. Maintenant, la colère gronde dans ce coin de Gévaudan.

Gronde d'autant plus qu'on sait les malheurs arrivés aux enfants Portefaix. Et que, dans le moment même où l'on apprenait qu'Antoine de Beauterne avait tué un énorme loup sur la rive droite de l'Allier en assurant que c'était la Bête, Luc Bergougnoux, âgé de huit ans, du lieu de Montchauvet, paroisse de Saugues en Gévaudan, allongeait de son nom la liste des victimes...

Comme il allait conduire – sur les six heures du soir – les bœufs de son père à l'abreuvoir, il avait été saisi et enlevé. Les bêtes ayant mugi bizarrement, Jean-Baptiste Bergougnoux était sorti de sa maison avec ses deux frères, et ils avaient vu la Bête emporter l'enfant.

Courant après elle, ils étaient entrés dans un bois. Ils avaient d'abord trouvé les sabots du Luc et son chapeau. Et, à cent pas de là, l'enfant lui-même, que le monstre avait abandonné. Le Luc perdait son sang par une blessure qu'il avait à la jugulaire. À la joue était une mauvaise plaie. Le reste du corps était intact. Le Luc, on l'avait ramené à la maison. Il avait expiré une demi-heure après...

Oui, la colère gronde en ce coin du Gévaudan. Un vent de révolte souffle, porteur de paroles paysannes.

« Le Chastel, pourquoi ils l'ont enfermé ? » « Ce lieutenant ? un filou. » « Le loup qu'il a tué, ça ne serait pas un gros chien à lui qu'il aurait tiré pour toucher les récompenses ? » « Si le roi savait... » « Le roi n'y est pour rien. On le trompe. » « Neuf mille livres dans sa poche. » « Le Jean, c'est un brave homme. »

Des paysans s'assemblent à Aumont-Aubrac, à Javols, à Saint-Alban, tandis que des courriers galopent jusqu'à Mende afin de prévenir l'évêque Gabriel Florent de Choiseul Beaupré. Des paysans se réunissent à Rieutort-de-Randon, à Fournels, à Sainte-Colombe-de-Peyre, et Étienne Lafont, avocat au parlement de Toulouse, syndic du diocèse et subdélégué à Mende, se concerte avec Monseigneur l'évêque. Ce même Étienne Lafont informe Marie-Joseph-Emmanuel de Guignard de Saint-Priest, intendant du Languedoc.

L'intendant est inquiet. Et si tout le Gévaudan s'embrasait ? Ce n'est pas le capitaine Duhamel, commandant à Langogne les dragons des volontaires de Clermont, qui pourrait mater les populations.

Alors, faut-il alerter Jean-Baptiste de Morin, comte de Moncan, commandant des troupes de la province à Montpellier ? Faut-il que les soldats partent en campagne pour une affaire somme toute mineure ?

À Chanaleilles, à Sainte-Eulalie, on s'impatiente. Ici et là, les paysans affûtent leur couteau, aiguisent les dents d'une fourche, décrochent le fusil.

Autour de Saint-Chély-d'Apcher, on chuchote, on dresse des plans. Dans le Gévaudan enneigé, étranglé par le froid, les esprits s'échauffent, le ton monte.

En sa salle de travail, M. l'intendant de Guignard de Saint-Priest va et vient ; ses mains s'agitent nerveusement dans son dos. Doit-il prévenir Louis Phélipeau, comte de Saint-Florentin, ministre d'État ?

Que dira Sa Majesté ?

Le feu prend difficilement, mais, lorsqu'il vient poser ses griffes sur la bûche, qu'il se dresse et s'allonge, la fourmi s'affole, parcourt le dessus du rondin pour trouver une issue. En vain.

M. l'intendant réfléchit, s'assied, trempe la plume d'oie dans l'encrier, écrit fébrilement, tend le pli au sous-officier chargé de la poste.

De relais en relais, des cavaliers galopent. Peu importe que crève tout à l'heure la monture. Les ordres sont les ordres, ce pli est urgent, M. l'intendant ferait payer chèrement le moindre retard.

Il faut éteindre ce feu qui couve. Voilà ce que le responsable de la province a décidé.

Épuisé, un courrier arrive à Mende, rend compte. Alors, un autre cavalier s'élance, longeant au couchant la montagne de la Margeride, traverse Rieutort-de-Randon où il aperçoit des paysans en armes, dépasse Saint-Amand, atteint Serverette, voit à Rimeize des gens à l'air décidé.

Plus que deux lieues.

Si cet homme n'arrive pas à temps à Saint-Chély-d'Apcher, l'incendie éclatera, le feu se propagera à la vitesse de l'éclair tant il y a de villages prêts à s'embraser.

L'homme saute de son cheval, pénètre dans le donjon de Saint-Chély-d'Apcher après avoir montré son ordre de mission.

Il était temps. Non loin de la tour carrée, des groupes parlent avec animation, force gestes.

La lourde porte de bois grince sur ses gonds, s'ouvre.

Jean Chastel paraît. Il cligne des yeux tant la lumière réfléchie par la neige est éclatante. Il y a là Fournier et Combret, Levallet, Portefaix, et bien d'autres.

« Content de te voir, Jean, dit Levallet. Te voilà libre ? Qu'est-ce qui s'est passé ?

— Libre comme l'air, oui. Devine à qui je dois ça... À Antoine de Beauterne ! M. l'intendant a ordonné ma délivrance parce que la Bête a été tuée. En l'honneur de cet heureux événement, je suis amnistié, Martin. C'est ce qu'on vient de me faire savoir à l'instant. On a bien voulu me gracier. Où est le Grand Louvetier, que je le remercie... »

Chastel regarde autour de lui, hoche la tête.

« Je sais. Même les murs du donjon ont des oreilles. Le de Beauterne a tiré un gros loup et la Bête, un peu plus tard, a tué à Montchauvet. C'est ça ? De Beauterne est sur la route de Versailles. C'est dommage. Je leur aurais bien dit deux mots, à lui et à ses gardes. »

Devant Chastel, il y a les paysans armés de fourches, de faux. Quelques-uns tiennent un fusil. Jean se racle la gorge.

« J'ai comme dans l'idée que si je suis dehors à cette heure, vous y êtes pour quelque chose. Pas vrai ? Alors, merci à tous. Mais, ça n'est pas tout. Quoi qu'on dise, la Bête court encore. »

Il pose des questions, puis :

« Qu'on me rejoigne chez Grassal. Enfin, ceux qui sont de la communauté.

— Jean, dit Levallet, Grassal est fermé, aujourd'hui. Tiens, il est là-bas.

— Eh bien ! qu'il ouvre ! Je sors bien, moi ! »

Dans l'auberge devenue salle de réunion, ils parlèrent une bonne paire d'heures. Puis Chastel reprit la parole et tous firent silence.

« Qu'est-ce qu'ont fait Duhamel et ses dragons ? Rien. Et l'autre, le de Beauterne, il tue un loup, dit que c'est la Bête juste quand elle attaque dans le pâturage de Levallet. Portefaix en sait quelque chose. Tout à l'heure, le courrier a apporté deux plis. L'un de M. l'intendant, ordonnant ma délivrance. L'autre... »

Chastel s'arrêta net. Le curé Trocelier se tenait dans l'embrasure de la porte. Il entra.

« Heureux que vous soyez sorti, Jean.

— Et moi donc ! Heureux de vous revoir, monsieur le curé. Mais ça m'étonne de vous retrouver ici. Le vin de Grassal ne vous fait plus peur ? Vous n'avez plus de vin de messe ? Allons, je plaisante... »

Le curé sourit, s'avança encore.

« Quand le vin est tiré, il faut le boire. N'est-ce pas, Jean ? Eh bien, puisque la communauté est réunie, je peux dire ce que Monseigneur l'évêque de Mende ordonne. Tous les prêtres avec leurs paroisses se rendront vendredi prochain à Notre-Dame de Beaulieu, au pied du mont Chauvet, pour un pèlerinage. L'évêque propose qu'il y ait battue ensuite, si l'on a découvert des traces dans les environs. Battue le dimanche suivant.

— Ça me va, monsieur le curé, dit Jean. Qui n'est pas de cet avis ?

— On croyait que les battues, tu ne voulais pas en

entendre parler, dit Gustave Combret. Que tu étais contre.

— Contre, quand Duhamel et ses dragons les organisaient. Ils faisaient ça en dépit du bon sens. Sans se soucier de nous. Est-ce qu'ils connaissaient le Gévaudan ? Contre, quand elles étaient faites par Beauterne et ses gardes. Celui-là, ce qu'il cherchait, c'était la gloire. Pas la Bête. Qu'est-ce que vous croyez ?

— La gloire et la récompense.

— Juste, Gustave. Il est resté quoi ? quelques jours. À donner des ordres. À menacer. À calculer pour toucher la prime. Est-ce qu'on vous a demandé une seule fois conseil ? Votre opinion ? Mon sentiment, un garde-chasse du de Beauterne a cherché à le connaître en sortant son épée du fourreau. Voilà pourquoi j'étais contre. Les battues, ça aurait dû se faire entre nous. Entre gens du pays. Qu'est-ce que vous en pensez, monsieur le curé ?

— Peut-être, Jean. Sûrement, même. Mais que personne ne s'avise de rapporter que je vous approuve. Monseigneur l'évêque m'exilerait dans une lointaine paroisse.

— On se taira, monsieur le curé. Alors, qui est pour ? »

Tous levèrent la main.

« Bien, dit Chastel. Qu'on en reste là. Il fait froid, ici. Et puis, j'ai mon monde qui m'attend à Apcher. »

12

Le loup-garou

Marie posa les cuillers et les écuelles sur la table. Vivement, Guillaume traça une croix sur le pain bis, tenta de découper une tranche. Mais la miche était bien trop grosse pour ses petits bras. Le visage d'Anne s'éclaira un instant.

« Allez donne. Donne ce pain. »

Elle s'arrêta de parler. La porte venait de s'ouvrir brusquement.

« Tiens, Guillaume ! tu as pris du galon ? Tu t'assois à ma place alors qu'elle est encore chaude ? C'est toi qui veux distribuer le pain, maintenant ? Qu'est-ce que je vois encore ! Il n'y a pas d'écuelle pour moi ? Je n'étais pas invité ? Tout doux, toi. Tout doux. C'est rien. Je suis là. »

Marie s'était jetée dans les bras de son père, riant, pleurant, tandis que Chastel ébouriffait les cheveux blonds. Puis vinrent Anne et Guillaume.

« On vous a laissé sortir, père ? »

Guillaume n'en croyait pas ses yeux. Abasourdi, il fixait Jean Chastel. Celui-ci lui donna une bonne bourrade.

« C'est bien moi, petit. Ça n'est pas encore mon ombre. Mon ombre, elle est sur le mur. Regarde. Mais vite, le bouillon va refroidir. C'est que j'ai grand appétit, moi. À table !

— Vous avez l'air si affamé, dit Anne, qu'un crapaud pourrait entrer dans votre bouche en reculant. Ah ! Jean ! que je suis heureuse de vous revoir. Racontez-nous... »

Marie crut voir les yeux de son père briller plus que de coutume. Un peu comme ceux d'André lorsqu'ils étaient tous revenus du pacage. Mais ici, la lueur était tout autre, douce, avec des reflets de tendresse. Puis elle tourna la tête vers la cheminée. Une fois, le feu avait bien failli s'éteindre, mais elle s'était acharnée à souffler, gardienne du feu, responsable de lui le temps d'une absence. Son père était revenu, parlait, écoutait Anne. Tout à l'heure, il se lèverait, irait prendre une bûche dans le tas de bois, la jetterait dans l'âtre, provoquant une gerbe d'étincelles. Et c'était bien ainsi. Tout était rentré dans l'ordre. Enfin presque. La Bête courait toujours... D'un coup d'œil, Marie vérifia que le volet était bien fermé. Maintenant, on déjeunait et on dînait à la chandelle.

« Montre un peu ta baïonnette. »

Marie alla prendre l'arme, la remit au père. Il la soupesa, la retourna, observa la lame au bout du bâton.

« Ça, c'est du rouge d'animal. Ou alors, je n'y connais rien. Il vient d'une sacrée bestiole. Quand j'ai fabriqué la baïonnette, la lame était droite. Bien droite. Sûr. Le fer est solide. Il rentrerait sans plier dans le cœur d'un chêne. Là, la lame est légèrement tordue. La Bête a le cuir épais. Il faut le savoir et bien viser. J'ai vu le François. Il n'est guère bavard. Levallet m'a raconté comme vous. Le Jeannot, il restera idiot à jamais. La Madeleine, elle s'en tire à bon compte. Si l'on peut dire. Avec un bout de bras en moins. Misère de mauvaise année. »

Il s'était brusquement assombri. Il avala sa soupe sans plus parler, jusqu'à ce que des coups se fassent entendre. Dans la poitrine de Marie, le cœur s'emballa.

« C'est moi ! Levallet !

— Eh bien, entre ! cria Chastel. Il n'y a qu'un loquet à lever. Tu ne ferais pas un bon voleur ! Allez, viens, assieds-toi. Qu'est-ce qui s'est passé, depuis tout à l'heure ?

— Je ne fais que rapporter. Après ton départ, Claude Biscarrat est arrivé devant l'auberge. Il a dit...

— Le Biscarrat de Gourgoussanges ?

— Celui-là. Il a dit que deux femmes des Escures avaient été rattrapées sur la route de Fournels.

— Qu'est-ce qu'elles faisaient dehors par un temps pareil ?

— Elles allaient s'occuper d'une tante à elles, malade. Elles ont été rattrapées par un homme. Il les a accompagnées durant tout le trajet. Elles voyaient les longs poils de sa poitrine qui passaient à travers la fente de sa chemise. La respiration leur manquait, tellement elles avaient peur. À peine si elles tenaient sur leurs jambes. Et puis, comme elles atteignaient les premières maisons, l'homme les a quittées. Brusquement. À Fournels, elles ont su qu'on avait aperçu la Bête dans les environs. Au cours de la matinée. Du coup, elles ont attrapé la fièvre. Elles croient avoir vu un loup-garou.

— Ça, c'est un loup qui court dans la tête des peureux. Et puis, il n'est loup que la nuit. Regarde le bout de cette baïonnette. La lame est encore rouge. Le sang a séché et ça n'est pas du sang de loup-garou. Demande à ceux qui sont là. À Marie. Pas à moi. J'étais dans le donjon. Je vais te dire, la Bête, il faut l'avoir. Sans tarder. Autrement, les gens du Gévaudan vont regarder sous leur lit avant de se coucher. Une fois couchés, ils se relèveront pour vérifier. Et comme ça jusqu'au matin. Cette battue, il faut la préparer. La Bête, elle est blessée. Elle va se montrer plus dangereuse. Se faire voir pour qu'on sache qu'elle existe encore. Elle est fière. Je sais ce qu'on va me dire, mais

moi, je suis sûr que c'est un animal hors du commun. Tu comprends ? Dire le contraire, ça serait se mettre la tête sous l'oreiller. Elle n'en a pas déjoué, des pièges ? Il faut réfléchir et essayer de rentrer dans sa peau. Malgré tout le matériel des chasses, les poisons, les affûts, la Bête court encore. Mais elle a été touchée. Dans sa chair et dans son amour-propre de Bête. Ce pèlerinage, c'est une bonne chose. Peut-être qu'on aura des résultats à la battue qui suivra. J'espère. »

Levallet est reparti. Marie s'approche de son père assis devant la cheminée, l'appelle.

« Tu n'es pas encore couchée, toi ? Allez ! File au lit ! Écoute le Guillaume : il ronfle déjà. »

Le cœur de Marie bat plus vite. La respiration de Marie est devenue plus courte. Marie avale sa salive.

« Père, on ira aussi en pèlerinage, Guillaume et moi ?

— Sûr que oui. Pourquoi ? Vous voulez rester ici ?

— Non. Je veux y aller.

— Alors nous sommes d'accord.

— Et le dimanche suivant, il y aura battue ?

— Comme l'évêque l'a demandé. La communauté a approuvé. J'en serai. »

Alors, de même que l'on se jette à l'eau, Marie la prudente, Marie de toutes les précautions, parla.

« Je peux aller avec vous ? Est-ce que je peux aller battre ? »

Marie avait plongé, dans la Truyère ou une autre rivière, mais elle avait plongé.

« Ça n'est pas possible, Marie. La Bête, tu ne l'as pas assez vue ? Vous avez bataillé pendant des heures. Tu n'as pas eu peur ? Si ? Alors, pourquoi ? »

Marie regardait le feu vif, gai, chantant à cause de l'humidité du bois, de cette eau qui se changeait en mousse, en bave de chaque côté de la bûche. Les bruits et les scènes de la matinée du samedi lui revinrent, prirent possession de sa mémoire. Elle entendit les meuglements, le bruit des sabots des vaches sur la croûte de neige dure. « Vite ! Marie ! Vite ! » Elle revit André danser, tomber, combattre à terre, puis les terribles mâchoires, la raie noire sur le dos, la queue longue et touffue, les yeux étincelants, la Colère féroce, furieuse, atteinte par la lame de sa baïonnette. Elle pensa à Madeleine, revit le petit pied sans sabot.

« Dis-nous, Marie. C'est pour Madeleine ? À cause d'elle ? À cause du Jeannot ?

— Oui, mère. Un peu...

— Un peu beaucoup. Mais il y a autre chose.

— Marie, ça n'est pas possible ! Seuls les hommes peuvent battre. Et les garçons d'au moins quatorze ans. Et toi... tu... et puis... et puis... quoi... le danger. Tu... tu y as pensé ? »

Chastel bégayait d'étonnement. Ne terminait pas ses phrases.

« Jean, vous serez avec les autres ? demanda Anne.

— Oui, mais sans y être. J'irai repérer l'endroit, les traces. Et puis j'essaierai d'imaginer sa course. Mais peut-être qu'il n'y aura pas de traces. Ou qu'elle se défilera encore. Peut-être. Comment savoir ?

— Il faut laisser Marie y aller, Jean.

— C'est vous, Anne, qui parlez comme ça ? Vous vous rendez compte ?

— Écoutez, Jean. Est-ce qu'il ne faut pas sortir, rien que pour aller chercher de l'eau ? Qui est à l'abri d'une attaque ? On devrait rester chez soi, porte et volets clos, pour ne rien craindre. Personne n'est en sûreté. Personne. Vous serez armé. Avec vous, Marie se trouvera en sécurité. Allez, dites oui, Jean. Dites oui. »

Anne avait parlé pour Marie. Elle avait défendu sa cause. Elle ne comprenait qu'à moitié, mais elle verrait plus tard. Marie, elle était un peu comme son père. Si on la forçait, elle se glissait dans le trou profond du silence.

13

Dans les bois de la Ténazeyre

Dimanche, 7 janvier 1765.

Marie est à côté de Jean Chastel. Durant cinq jours, les paysans ont cherché les traces de la Bête. Il semblerait qu'elle ait pris ses quartiers d'hiver dans les bois de la Ténazeyre.

Ces empreintes repérées sont-elles les siennes ? Probablement. Hier, elle a attaqué un vacher. Il a réussi à la mettre en fuite avec un bâton ferré. Elle, elle a fait mine de s'éloigner, puis a de nouveau fondu sur lui, farouche.

L'homme s'est sorti de là avec autant de peur que de mal. Comme il se protégeait la face des terribles mâchoires, la gueule s'est refermée sur sa main gauche, l'a broyée. Malgré la douleur, il a continué de batailler fermement, longtemps. Sur le soir, changeant de tactique, la Bête a réussi à séparer deux génisses des autres, à les faire entrer dans les bois de la Ténazeyre. Cherchait-elle à attirer l'adversaire sous les couverts, pour refermer sur lui un féroce piège fait de dents pointues comme des couteaux ?

L'homme est rentré avec le bétail, abandonnant les deux jeunes vaches. Ce matin, dès l'aube, elles ont mugi à la porte de l'étable. Le vacher est sorti avec son maître. Les génisses n'avaient pas la moindre égratignure.

À côté de son père, appuyée contre un arbre, Marie guette, les sens en éveil. Elle porte un fusil. Pas celui que Jean Chastel accroche au clou planté dans le mur. Non. Celui-ci, son père le tient, prêt à épauler. Le fusil qu'elle a, c'en est un que Chastel a sorti du coffre. Si l'un venait à s'enrayer, si Jean manquait son but et qu'il n'ait pas le temps de recharger, il y aurait toujours l'autre...

Oui, Marie guette, tandis que des images défilent dans sa tête.

Avant-hier, elle est allée à Notre-Dame-de-Beaulieu, juste au pied du mont Chauvet et du mont Grand. Le pèlerinage a réuni tous les prêtres et leurs paroisses. On a fait des offrandes, et nombreux sont celles et ceux qui ont communié.

À la sortie de la chapelle, il y avait un vent mauvais, plus froid que le froid du gros de l'hiver, un froid terrible, un froid à glacer le sang dans les veines. Il soufflait dans la prairie enneigée, attaquait de front, se lançait par vagues sur la foule des pèlerins.

Marie a vu André. Il a dit qu'il battrait le dimanche. Marie avait voulu lui annoncer qu'elle y serait aussi, et puis elle avait tourné la tête.

Un peu partout, des hommes vont sous les couverts, tentent de débusquer la Bête. André est avec ceux-là. Des chasseurs sont postés à l'orée d'une partie des bois, attentifs, fins tireurs, les meilleurs fusils des paroisses environnantes. Cinquante chasseurs et deux cent cinquante rabatteurs contre un fameux carnassier, ce n'est pas trop. Des battues ont bien rassemblé des milliers de paysans...

Si l'on tue aujourd'hui, combien touchera celui qui aura vaincu la Bête ? Le Grand Louvetier est reparti à Versailles. Pour Versailles et le roi, le monstre est mort et empaillé. Le souverain s'est acquitté de sa dette, de même que les états du Languedoc et l'évêque de Mende.

« Père ! »

Toujours debout, Marie avait aperçu une forme trottant sur quatre pattes. Un loup ? *Elle* ?

« Baisse-toi, souffla Jean. Là, là. Comme ça. Dis, c'est elle ? »

Marie plissa les yeux. La Bête venait à eux, sans hâte ni peur, décidée, ne cherchant nullement à se cacher, oui, à découvert, comme si elle savait ce qui l'atten-

dait et l'avait accepté. Elle venait, la meurtrière aux terribles mâchoires, dévoreuse renommée, trottant comme chienne ou chien, les pattes de derrière légèrement de côté par rapport aux pattes antérieures, oreilles dressées sur l'énorme tête, langue pendante d'avoir tant couru depuis des mois. Sa faim s'était-elle brusquement éteinte ? Pourtant, elle avait dévoré une fille de dix-huit ans, vers Chamblart, il y avait de cela soixante-douze heures. Et, contre le vacher, sa tentative de carnage avait échoué. Mais avait-elle eu faim un jour ? Un seul jour ?

« C'est elle, hein ? » dit Chastel dans un souffle.

La Bête avançait. Avançait toujours.

Des images défilèrent dans la tête de Marie. Elle se rappela la marche avec les paysans de la battue, pour venir jusqu'au bois. Lorsqu'elle était arrivée avec son père, un chasseur d'une lointaine paroisse avait voulu dire quelque chose, émettre comme une protestation. Mais Levallet lui avait cloué le bec.

« La ferme ! C'est la petite du Chastel ! »

Et l'homme s'était tu. Et ceux qui murmuraient aussi.

La Bête venait, penchée en avant à cause des pattes antérieures qu'elle avait plus courtes. Maintenant, Marie distinguait bien la raie sombre sur le dos, tranchant avec le pelage légèrement rougeâtre, la queue longue et touffue.

Chastel se signa rapidement, épaula.

Dans le même temps qu'elle entendait une forte

détonation, Marie vit la Bête se secouer, essayer de bondir, puis tomber à quelques pas, là, sur la Sagne d'Auvert, dans les bois de la Ténazeyre.

« Bête ! Tu ne mangeras plus ! Plus jamais ! »

Le père venait de crier. Puis il appela, les mains autour de la bouche pour que la voix porte au loin, appela devant, au levant, au couchant. Et d'autres voix lui répondirent.

« Viens, Marie, dit Chastel. Viens. »

Marie ne bougeait pas. Accroupie, elle fixait le monstre étendu sur la neige. Le choc du samedi matin, elle le ressentait maintenant.

Des larmes coulaient sur ses joues. Elle pleurait, se leva pleurant, marcha comme une somnambule à côté

de son père qui l'avait prise par la main. Elle tenait le fusil du coffre.

Par groupes, les autres arrivaient, regardaient la Colère de Dieu, entouraient la dépouille. Quelques-uns s'écartèrent pour laisser les Chastel entrer dans le cercle.

Marie fixa intensément cette Colère inerte, chassant ainsi sa peur du samedi matin. Elle resta là, immobile, quoi, deux minutes, puis son père l'entraîna hors du cercle des paysans.

« C'était donc ça ? dit Jean Chastel. Il fallait que tu la voies morte, hein ? Pour t'en débarrasser ? C'était ça ? »

Les yeux baissés, Marie répondit oui en hochant la tête.

« Ah ! André ! Te voilà ! Viens donc... J'ai encore à faire. Il faut qu'on aille chercher l'empailleur à Saugues. Il faut le conserver, l'animal. Pour le montrer. Pour que les gens le voient. Sans ça, la Bête va continuer à courir le Gévaudan, à hanter les esprits. Je vais rester. Pour régler tout ça avec les autres. »

Chastel se tut, regarda Marie. Elle tenait toujours le fusil du coffre. Chastel plissa les yeux en dévisageant André.

« Maintenant, tu n'as plus rien à faire ici, pas vrai ? Tu vas rentrer. Écoute... »

Il tourna la tête vers Marie, fixa de nouveau André.

« Tu sais tirer, au moins ?

— Je me défends. Le père m'a appris.

— C'est bien. Ça peut être utile. La preuve ! Alors, écoute-moi : tu vas prendre ce fusil que tient Marie, et tu vas la raccompagner jusque chez nous. Depuis quelque temps, elle a eu trop d'émotions. Trop, c'est beaucoup trop. »

Maintenant, il regardait André droit dans les yeux. Des mots trottaient dans sa tête. Il était en train de peser chacun d'eux. Enfin, il se décida.

« Tu veilleras sur elle pendant le retour. Je crois qu'on peut avoir confiance en toi. »

Lentement, de son index replié, il souleva le menton de Marie. Jusqu'à ce qu'il accroche son regard.

« Tu sais ce qui va arriver si tu n'arrêtes pas de pleurer ? À force, tu vas te noyer. Oui. Est-ce que tu sais nager, au moins ? Non ! Alors... »

Marie sourit à travers ses larmes, eut un mouvement, se jeta contre la poitrine de Chastel.

« Tout doux, petite. Tout doux. Je comprends. Ça va aller mieux, maintenant. Les années, il y en a des bonnes et des mauvaises. Celle-ci commence bien. Tu diras à la mère de ne pas s'inquiéter. Je coucherai sûrement à Saugues. Chez l'empailleur. Je serai de retour demain, en fin de matinée. Plus de peurs. La Bête est morte. Il reste des loups, ça n'est pas rien, mais faut pas en faire une maladie. »

Il déposa un baiser sur le front de Marie, donna une rude bourrade à André. Puis partit pour se mêler à la ronde des paysans immobiles autour de cette Colère qui n'était plus qu'un animal inerte.

Alors, se tournant vers Marie, André ôta son chapeau, s'inclina pour une révérence.

« Mademoiselle, vous me permettrez bien de vous raccompagner jusqu'à Apcher ? »

Il avait dit cela si drôlement que Marie sourit. André, elle savait qu'il en avait gros sur le cœur. À cause du Jeannot et de la Madeleine. Mais sa peine, il l'avait mise de côté pour la dérider, elle, Marie. Elle eut chaud. Une rougeur lui monta aux joues. Elle entra dans ce jeu qu'il lui proposait.

« J'accepte, monsieur, mais à une condition.

— Et laquelle, s'il vous plaît ?

— Que mes parents vous autorisent à me raccompagner. Ce serait plus convenable. Plus prudent, aussi.

— Mais, votre père vient de me demander de vous reconduire. Vous avez entendu comme moi... C'est autre chose qu'une permission !

— Et ma mère ?

— Votre mère ? Ah ! diable ! c'est qu'elle n'est pas là !

— Eh bien ! dit Marie, nous lui demanderons lorsque nous arriverons. En route, monsieur. Hâtons-nous. Il nous reste un bon bout de chemin à faire. »

Ils rirent, et, bras dessus bras dessous, quittèrent les bois de la Ténazeyre.

Le cercle des paysans se brisa pour laisser passer le marquis d'Apcher. Celui-ci s'accroupit, regarda la Bête en hochant la tête, puis se releva.

« Qui l'a tuée ? »

Les chasseurs se taisaient. Levallet parla.

« C'est Chastel, monsieur le marquis. D'un seul coup...

— Tu es un bon fusil, Chastel. Si c'est elle, je veillerai à ce qu'on te donne une gratification. J'en parlerai aux commissaires du diocèse. Quoi ! Ça ne te va pas ? Sept dizaines de livres sont toujours bonnes à prendre. Tu les auras. Je te le garantis. Aussi vrai que j'étais responsable de cette battue. Aussi vrai que cet animal a été tué sur mes terres. Parle.

— Je veux aller à Versailles. Je veux voir le roi.

— Es-tu fou ?

— C'est le roi que je veux voir. »

La Bête fut chargée sur un cheval et portée jusqu'au château de Besque, près des hautes frontières du Gévaudan. De la ville de Saugues vint le dénommé Boulanger, dit La Peyranie, chirurgien apothicaire, empailleur à ses heures. Il ouvrit le ventre, sortit les entrailles, trouva dans l'estomac l'os d'une épaule. Une fille de dix-huit ans n'avait-elle pas été dévorée vers Chamblart soixante-douze heures auparavant ? Ne lui manquait-il pas tout le bras et le haut ?

À la place des entrailles, La Peyranie mit de la paille.

La Bête fut gardée une quinzaine de jours au château. Et ce fut la fête durant tout ce temps. Gentilshommes, prêtres et bourgeois se pressèrent afin de voir cette fameuse Colère. Le marquis fut félicité. On le remercia d'avoir conduit si heureusement la chasse. Certes, toutes ces visites occasionnèrent bien des dépenses mais le maître des lieux aurait été mortifié que l'on crût en Gévaudan qu'il ne savait pas recevoir.

Enfin la Bête fut mise à la disposition de Chastel. On hissa l'animal de cent neuf livres sur le dos d'une jument et Jean s'en fut de village en village. On lui donna des œufs, du lard, quelques liards aussi comme c'était la coutume. Cette tournée prit du temps mais ne fallait-il pas que les gens voient celle-là qui avait meurtri tant d'entre eux ?

La curiosité des hommes, des femmes et des enfants de cette partie du Gévaudan satisfaite, la Bête fut placée dans une caisse et emmenée vers Paris par le sieur Gilbert, domestique du marquis d'Apcher. Parvenu dans la cité, Gilbert frappa à la porte de l'hôtel de monsieur de la Rochefoucauld. Dans les heures qui suivirent, on informa le roi de l'événement.

Arrivé à la cour, Chastel fut présenté au souverain par le comte de Dolcis qui l'avait pris sous sa protection.

Le roi montra quelque irritation. Que voulait ce paysan ? Son lieutenant des chasses et porte-arquebuse Antoine de Beauterne n'avait-il pas eu la peau de la Bête ? Se tournant vers le duc de Ponthièvre, il lui dit son mécontentement, puis, tout de même, ordonna que l'on ouvrît la caisse.

La Bête avait-elle été mal empaillée ? Le trajet avait-il trop duré ? En tout cas, cette Colère de Dieu n'était plus que charogne puante. Incommodé par la mauvaise odeur, le roi grimaça, demanda que l'on enterrât l'animal immédiatement...

« C'est elle, dit Chastel, c'est la Bête. Je l'ai tuée. »

Comme il faisait un pas vers le roi, celui-ci eut un mouvement de recul. Quelques années plus tôt, un exalté, le valet de chambre Damiens, l'avait frappé d'un coup de canif. Ce paysan du Gévaudan ne sortait-il pas de prison ? N'avait-il pas mis en joue deux des gardes-chasses envoyés sur son ordre pour y servir à détruire la bête féroce ou les loups qui dévoraient les habitants ? Voilà comment on le remerciait de sa bonté. N'y avait-il point des affaires d'importance à régler ?

Haussant les épaules, Sa Majesté jeta un regard mauvais à Chastel, tourna les talons et s'en fut, suivie par une nuée de courtisans.

Chastel resta seul, désemparé. Et puis une froide colère l'envahit, plus glacée qu'un rude hiver en Gévaudan. Des mots lui revinrent, prononcés lors de son emprisonnement, et qu'on lui avait rapportés : « Si le roi savait... » « Le roi n'y est pour rien. On le trompe. »

Le roi ? Il n'avait rien voulu entendre. Pire, il s'était montré méprisant. Après tout, que lui importaient la peine du Gévaudan, la mort d'un colporteur, le regard fixe du Jeannot, la femme de Sainte-Colombe-de-Peyre au ventre déchiré ? Le calme n'était-il pas revenu dans cette province ? N'était-ce pas cela qui comptait ? Cela seul ?

Et puis la colère de Jean retomba. Il pensa à Anne, à Marie, au Guillaume. Une chaleur lui monta au visage. Il eut envie de les serrer contre lui. Ça faisait des jours qu'il était parti. Des jours. On l'attendait, là-bas...

Il eut la sensation de voir loin, très loin. Par-dessus la ligne d'horizon. Au-delà du temps humain.

La Bête était morte, certes, mais le roi l'avait fait enterrer. Il aurait fallu pouvoir la montrer, immobile, embaumée, et dire aux curieux, aux poltrons, aux sceptiques, aux messagers des malheurs : « La voilà, c'est elle. »

La Bête n'était morte que le temps d'une chasse. La sensation que Jean Chastel avait éprouvée se changea en certitude. Pendant longtemps, la Bête continuerait à hanter la mémoire des hommes[1]*...*

1. L'ouvrage fondamental auquel se réfèrent toutes les études sur la bête du Gévaudan reste l'*Histoire de la Bête du Gévaudan, véritable fléau de Dieu, d'après les documents inédits et authentiques,* par l'abbé Pourcher, curé de Saint-Martin-en-Boubaux, diocèse de Mende, chez l'auteur, 1885. Cet ouvrage a été réédité par Laffitte Reprints, Marseille, 1981.

José Féron Romano

Né à Ménilmontant en 1940, José Féron Romano est l'un de ces hommes en qui s'harmonisent les talents les plus divers. Il pratique d'abord la musique avant de se consacrer à la littérature. Devenu écrivain, il publie de nombreux livres pour les adultes et les adolescents : romans, nouvelles, contes et légendes, documents, biographies. Militant d'organisations humanitaires – dont Amnesty International – il est l'auteur d'ouvrages qui témoignent de son engagement, comme *Martin Luther King* et *Gandhi, une âme pour la liberté.* Il a également publié un roman en collaboration avec Laetitia Lebacq : *Fuite à Varennes et autres histoires de France,* où il donne libre cours à toute sa fantaisie et à sa passion : l'Histoire.

TABLE

Si vous avez aimé ce livre, vous aimerez aussi dans la collection Le Livre de Poche Jeunesse :

Le faucon de Billy Baker
Jack Bickham
Traduit de l'américain par Jean La Gravière
Un « vieux fou » aide Billy à dresser un faucon. Mais c'est un suspect pour les gens du pays. La violence se déchaîne...
10 ans et +
N° 25

Le Roman du Masque de fer
D'après Alexandre Dumas
Louis XIV a-t-il eu un frère jumeau tenu prisonnier 36 ans sous un masque de fer ? Entre l'Histoire et la légende, le prisonnier masqué a pris de multiples visages.
12 ans et +
N° 1137

La rencontre
Allan W. Eckert
Traduit de de l'américain par Henri Theureau
L'histoire vraie d'un petit garçon qui, à la fin du XIXe siècle, se perd dans la Grande prairie américaine et survit pendant six semaines dans le terrier d'une mère blaireau. Grâce à cette étonnante aventure, l'enfant parvient à comprendre qu'elle est sa place parmi les siens.
10 ans et +
N° 810

Cheval-Soleil
Anne Labbé
Echaudé par une première capture, un magnifique étalon erre en pays indien. Brisé par le massacre de sa tribu, Jambes-mortes s'enferme dans le silence. Le cheval sauvage et le jeune cheyenne vont se rencontrer.
10 ans et +
N° 764
Lauréate du Prix du Ministère de la Jeunesse et des Sports

Croc-Blanc
Jack London
Traduit de l'américain par D. Alibert-Kouraguine
Dans le Grand Nord un loup apprend à lutter pour sa survie. Des Indiens le baptisent "Croc-Blanc".
10 ans et +
N° 1104

Ils n'auront pas mon ours !
Ben Mikaelsen
Traduit de l'américain par Geneviève Thomas
Quand Josh réalise qu'il ne peut pas garder l'ours dont on a tué la mère et qu'il a recueilli, il s'enfuit avec lui.
10 ans et +
N° 446

Sarah, l'enfant perdue
Brigitte Peskine
En collaboration avec Robert Crichton
Sarah a disparu il y a dix ans, en Camargue, alors qu'elle n'était qu'un bébé. Finn est prêt à tout pour la retrouver et la ramener en Irlande.
10 ans et +
N° 619

L'enfant-loup
Florence Reynaud
Dans la Lozère de la fin du XIXe siècle, un médecin de campagne recueille un enfant sauvage qui a vécu parmi les loups. Son retour parmi les hommes est douloureux mais aussi plein de promesses.
10 ans et +
N° 766

Le premier dessin du monde
Florence Reynaud
Au temps de la préhistoire, l'enfant qui possède le don de dessiner n'est-il pas un être magique et donc une menace pour son clan ?
10 ans et +
N° 738

Composition JOUVE - 53100 Mayenne
N° 300667u
Imprimé en Italie par G. Canale & C.S.p.A.-Borgaro T.se (Turin)
Janvier 2005 - Dépôt éditeur n° 55487
32.10.1986.2/04 - ISBN : 2.01.321968.5
Loi n° 49-956 du 16 juillet 1949 sur les publications destinées à la jeunesse
Dépôt légal : fevrier 2005